200 LIFE HACKS

DIE GARANTIERT DEIN LEBEN ERLEICHTERN

Nicky Wong

200 LIFE HACKS

DIE GARANTIERT DEIN LEBEN ERLEICHTERN

CHRISTIAN

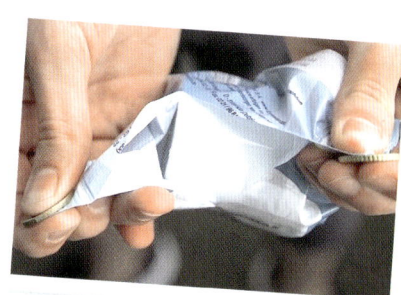

INHALT

VORWORT

Wenn die Oma früher ihre Fenster mit Zeitungspapier sauber machte, war das etwas schräg, aber doch irgendwie selbstverständlich. Schließlich weiß die Oma alles und ist die cleverste Person dieses Planeten.

Erst auf den zweiten Blick fällt auf: Das war ein richtig guter Life Hack. Der Spiritus im Zeitungspapier löst den Dreck und es gibt keine Rückstände. Aber das habe ich erst Jahrzehnte später herausgefunden. Den Begriff „Life Hack" gab es damals natürlich noch nicht, aber wir merkten uns diese Haushaltshelfer, ohne ihre Funktionsweise zu hinterfragen. Es wurde einfach normal, das Messer am Tassenboden zu schärfen oder den Sekt mit gefrorenen Weintrauben zu kühlen. „Das macht man so", so die Oma.

Wenn man genau überlegt, gibt es Hunderte dieser cleveren Kniffe, die wir tagtäglich anwenden, ohne sie wirklich wahrzunehmen. Die 200 besten Alltagshelfer sind in diesem Buch zusammengefasst. Sie bringen euch durch den Tag und helfen auch dann weiter, wenn selbst die Oma mit ihrem Latein am Ende ist.

Ich selbst verwende diese Hacks in den banalsten und scheinbar doch so ausweglosen Situationen. Mittlerweile rufen mich sogar Freunde und Familienmitglieder an, wenn sie einmal nicht weiter wissen. Neulich habe ich die Küche meiner Eltern gestrichen. Dort wird viel gekocht. Mein Vater ist Koch und meine Mutter Hausfrau. Entsprechend sahen die Küchenschränke von außen aus: Eine dünne Schicht aus altem, klebrigem Fett überdeckte die einst weißen Fronten. „Das mache ich nachher weg", dachte ich mir und habe zunächst die Wände mit weißer Farbe gestrichen. Wie es beim Streichen so oft passiert, bin ich mit dem Farbroller gegen einen der Schränke gekommen. Na toll, noch mehr Schmutz als zuvor? Mitnichten! Ich habe die Farbe mit dem Finger abgewischt und prompt das Fett mit herunter geholt – ohne Farb- oder Fettrückstände. Offenbar wirkt etwas in der Farbe extrem fettlösend. Wieder ein neuer Hack!

Manchmal bin ich selbst überrascht, dass ein Hack wirklich funktioniert! Wer hätte denn schon gedacht, dass Cola als Rostschutz wirkt? Die braune „Plörre", die täglich literweise getrunken wird, kann wirklich Metall vor der Korrosion schützen. Dieser Mix aus Funktionalität und Überraschungseffekt macht mir wahnsinnig viel Spaß.

Ich kann zwar leider nicht alle Probleme lösen, aber mit diesem Buch fällt euch die eine oder andere Situation bestimmt leichter. Einige Hacks werdet ihr sicherlich schon kennen, andere kommen euch merkwürdig vor, aber seid versichert: Alle Hacks sind mindestens einmal persönlich von mir getestet worden und ich kann sagen, dass sie wirklich alle funktionieren.

Ich wünsche euch ganz viel Spaß und hoffe, dass euch die Life Hacks weiterhelfen können, denn am Ende jedes Problems sollte es doch immer heißen: Geht doch!

ESSEN & TRINKEN

1 SO BLEIBEN BANANEN LÄNGER FRISCH

Ihr habt Bananen gekauft und nach fünf Tagen sind sie bereits braun? Das muss nicht sein. Um die Frucht länger haltbar zu machen, braucht ihr nur etwas Frischhaltefolie und Tesafilm. Wickelt die Frischhaltefolie einfach zwischen den Bananen durch und um den Strunk. Nun das Ganze mit Tesafilm verschließen. Das Endstück der Bananen gibt nämlich Ethylengas ab, das den Reifeprozess beschleunigt. Die Frischhaltefolie reduziert den Ausstoß – und die Bananen werden nicht so schnell braun.

2 MIT EINEM SCHNITT ZUM KARTOFFELSCHÄLMEISTER

Diesen Trick kannte schon Omi: Schneidet die rohe Kartoffel ringsum leicht ein. Werft sie dann in kochendes Wasser und gart sie durch. Zum Schluss gehört die Kartoffel in kaltes Wasser, aber natürlich nur so lange, dass sie nicht auskühlt. Die Schale lässt sich nun kinderleicht lösen.

3 SO KOMMT DIE MILCH OHNE KLECKERN AUS DER TÜTE

Ihr möchtet Milch in den Kaffee oder in die Müslischale gießen – und immer wieder schwappt sie aus dem Karton. Was bleibt, ist eine Riesensauerei. Dabei lässt sich dieses Malheur ganz einfach umgehen. Und zwar, indem ihr den Milchkarton umdreht. Auf diese Weise kann die Luft gleichmäßig zurück in den Karton strömen und die nervigen, ruckartigen Schübe bleiben aus.

4 TOMATEN SCHNEIDEN WIE EIN PROFI

Kirschtomaten zu halbieren, kann ganz schön mühselig sein. Einzeln vorzugehen, kommt deshalb nicht infrage. Dabei geht es ganz einfach: Legt die Tomaten zunächst auf einen Teller. Obendrauf kommt verkehrt herum ein weiterer Teller. Und nun könnt ihr alle Früchte mit einem langen, scharfen Küchenmesser auf einmal halbieren.

5 DAS HILFT GEGEN TRÄNEN BEIM ZWIEBELSCHNEIDEN

Das Dinner steht bevor, aber beim Zwiebelschneiden müsst ihr immer weinen? Dann versucht es doch einmal mit einem Kaugummi. Mund auf, Kaugummi rein, kurz kauen und schon lassen sich die Zwiebeln schneiden, ohne dass Tränen fließen!

6 AVOCADOS ENTKERNEN FÜR ANGEBER

Avocados liegen gerade schwer im Trend. Damit auch das Entkernen möglichst schnell geht, haben wir diesen Trick für euch: Zugegeben, das Ganze sieht umständlich aus, funktioniert aber hervorragend. Um den Kern einer Avocado mühelos zu entfernen, benutzt einfach einen Korkenzieher. Vorsichtig in die Frucht schrauben, bis der Korkenzieher im Kern steckt. Nun die Avocado mit einem Messer halbieren und den Kern per Korkenzieher entnehmen. Schon habt ihr zwei saubere Hälften.

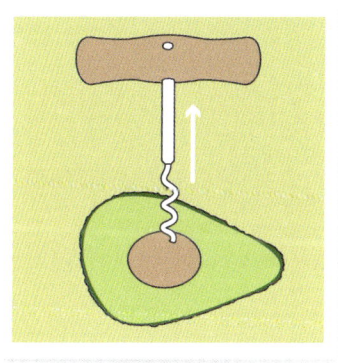

7 MIT DIESEM TRICK BEKOMMT IHR JEDE TÜTE AUF

Die blöde Chipstüte will einfach nicht aufgehen? Nur die Ruhe! Schnappt euer Portemonnaie und benutzt einfach zwei Münzen zum Öffnen. Legt eine an den Daumen der einen Hand und eine an den Zeigerfinger der anderen. So, dass sich die Münzen leicht überlappen und Druck auf die Tüte ausüben. Nun wie gewohnt die Tüte aufreißen und schon kann genascht werden.

8 SO BLEIBT DIE BOWLE LÄNGER KÜHL

Ihr habt eine leckere Bowle gemacht, die schön kalt bleiben soll? Verwendet anstatt vieler kleiner Eiswürfel einfach einen Großen. Und das geht so: Friert eine Schale oder Pfanne voll Wasser ein. So bekommt ihr einen ziemlich großen Eiswürfel, der die Bowle auch nicht so schnell verwässert.

9 NIE WIEDER ÄPFEL MIT BRAUNEN STELLEN

Ist der Apfel erst einmal aufgeschnitten, wird er ziemlich schnell braun. Um das zu verhindern, benutzt einfach ein Gummiband. Viertelt zunächst die Frucht und entfernt das mittlere Kerngehäuse. Übrig bleiben vier saubere Stücke, die nun wieder zusammengelegt und mit dem Gummiband zusammengehalten werden können. Perfekt für die Mittagspause oder unterwegs!

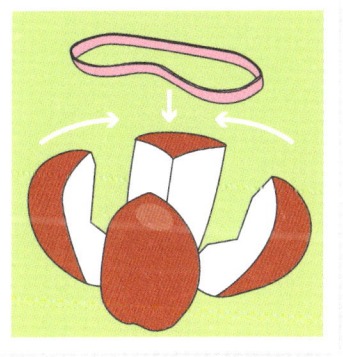

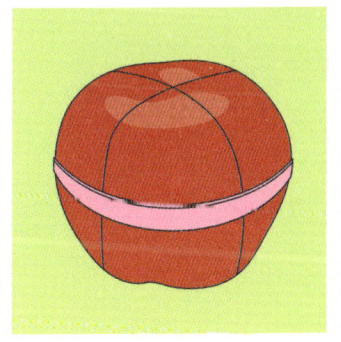

10 KEINE TASSEN IM SCHRANK? EINFACH EINE NEUE BASTELN

Alle Tassen sind dreckig, aber ohne Kaffee kann der Tag nicht starten? Um aus einer leeren Mehrwegflasche eine Tasse zu basteln, zerschneidet sie einfach wie auf der Abbildung. Den oberen Ring über den Flaschenboden stülpen und fertig ist die Impro-Tasse.

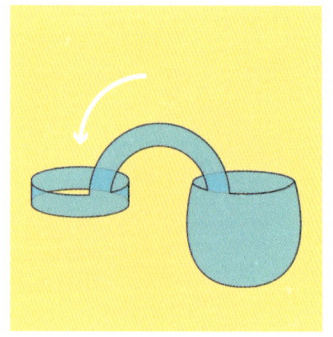

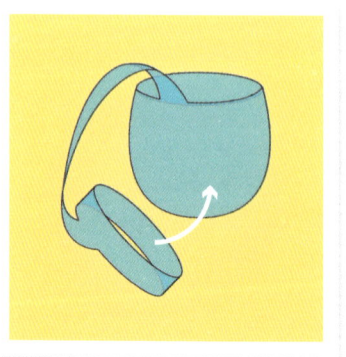

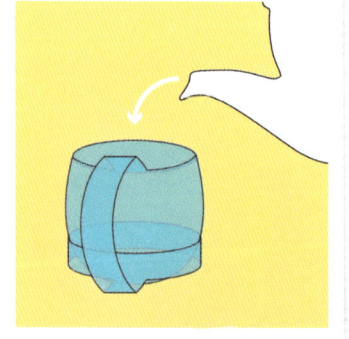

11 SO LEICHT ENTFERNT IHR DEN STRUNK VON ERDBEEREN

Den Strunk einer Erdbeere zu entfernen, kann eine echte Saue-rei bedeuten. Ganz sauber funktioniert es mit einem Strohhalm. Führt ihn von unten durch die Erdbeere in Richtung des Strunks. Einfach durchstechen und schon habt ihr eine saubere, strunk-freie Frucht.

12 SO WERDET IHR KORKGESCHMACK IM WEIN LOS

Wein, der korkt, ist nicht mehr zu retten? Falsch! Stopft einfach ausreichend Frischhaltefolie (etwa zwei Meter) in die Flasche und lasst sie 24 Stunden stehen. Die Folie zieht das Trichloranisol, das für den ekligen Korkgeschmack verantwortlich ist, an wie ein Magnet. Am nächsten Tag die Folie vorsichtig entfernen und endlich anstoßen. Prost!

13 EINE GETRÄNKEINSEL FÜR ANGEBER

Ohne kalte Getränke geht im Sommer nichts. Um die Getränke auch im Freien kühl zu halten, baut einfach eine Getränkeinsel. Dafür benötigt ihr eine Kiste, eine Poolnudel, ein Seil und Eis. Die Poolnudel einfach in vier Stücke zerschneiden, die so lang sind, wie die Kanten der Kiste. Nun mit einem Seil am Rand der Kiste fixieren, Eis und Getränke reinlegen – und schon schwimmt die coole Getränkeinsel. Das ist zwar etwas um die Ecke gedacht, sieht aber ziemlich lässig aus!

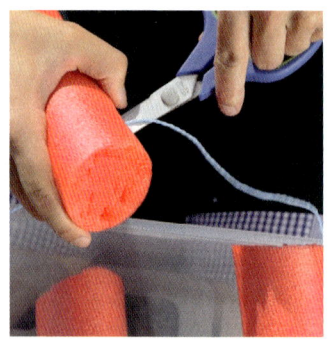
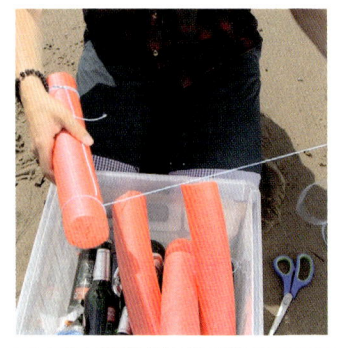

14 SO ESST IHR EIS AM STIEL OHNE ZU KLECKERN

Ein Eis am Stiel ist immer lecker, in der Sonne allerdings schmilzt es schnell und prompt tropft es auf die Klamotten. Um das zu verhindern, stülpt einfach ein Muffin-Förmchen von unten über den Stiel. Das geschmolzene Eis sammelt sich nun in der Form und nicht mehr auf dem Shirt. Und: zum Schluss könnt ihr auch noch das flüssige Eis genießen.

15 DARUM GEHÖRT ROTWEIN IN DEN MIXER

Ihr habt Lust auf einen guten Rotwein, wollt ihn aber nicht stundenlang atmen lassen? Dann kippt den edlen Tropfen einfach in den Standmixer. Etwa eine halbe Minute gut durchrühren und schon umgeht ihr das langwierige Dekantieren. Das ist vielleicht nicht die feine Art, aber es funktioniert und sieht auch klasse aus.

16 SO SCHÄLT IHR KNOBLAUCH SCHNELL UND SAUBER

Die einen lieben ihn, die anderen finden ihn eklig: Knoblauch. Egal, wie man zu ihm steht, nach dem Schneiden stinken die Finger. Das lässt sich aber verhindern, indem ihr die ungeschälten Zehen in ein festes Gefäß wie z. B. ein Einweckglas gebt. Gut verschließen und noch besser schütteln. Durch die Erschütterungen lösen sich die Schalen von den Zehen – und das ohne stinkende Finger.

17 SO HABT IHR IMMER EIN KALTES GETRÄNK DABEI

Draußen knallt die Sonne und ihr wollt ein kaltes Getränk mitnehmen? Dann füllt eure Trinkflasche einfach mit so viel Wasser, dass nichts ausläuft, wenn sie seitlich liegt. Meist sind das etwas weniger als 50 % des Gesamtvolumens. Friert nun das Ganze ein und füllt die Flasche mit eurem Lieblingsgetränk auf, sobald ihr los wollt. Der Rieseneiswürfel sorgt so für einen kalten Drink unterwegs.

18 WIE AUS PIZZAKARTONS GESCHIRR WIRD

Action: Der Filmabend mit den besten Freunden steht an und was wird gegessen? Natürlich Pizza vom Lieferservice. Aber was tun, wenn nicht genug Geschirr im Haus ist? Ganz einfach! Löst den Deckel vom Pizzakarton und zerschneidet ihn in vier gleich große Teile. So bekommt jeder sein Stück Pizza auf einem Pappteller und der Boden bleibt sauber.

19 SO WIRD DIE CHIPSTÜTE ZUR PRAKTISCHEN SCHALE

Wer in die Chipstüte greift, bekommt rundum klebrige, fettige Finger. Das lässt sich verhindern, indem ihr die Tüte zunächst aufreißt und den oberen Rand nach innen faltet. Anschließend den Boden nach innen aufrollen. So werden nach und nach die Chips nach oben geschoben. Sobald sie greifbar sind, ohne dass man dabei die Tüte berührt, ist die perfekte Höhe erreicht. Und sobald die Oberen weggefuttert sind, lassen sich die anderen ganz einfach nachschieben.

20 MELONE ESSEN WIE EIN PROFI

Wer kennt es nicht? Man isst ein Stückchen Melone und hat zum
Schluss die Schale quer über das Gesicht kleben. Keine Sorge,
ihr müsst deswegen nicht gleich auf Melone verzichten. Stilvolles
Melone essen geht so: Schneidet einfach links und rechts die
Schale weg, sodass nur der Mittelteil übrig bleibt.

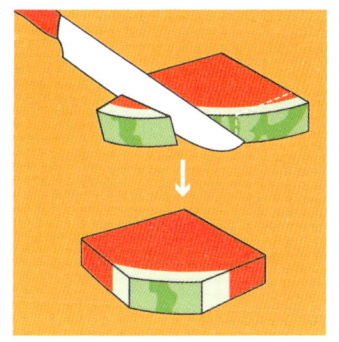

21 SO ÄRGERT IHR EUCH NIE MEHR ÜBER LEERE WURSTBROTECKEN

Das Toastbrot ist eckig, die Wurstscheibe aber rund. Wie bekommt ihr also die gesamte Brotfläche mit der Salami von
eurem Lieblingsmetzger belegt? Schneidet die Wurstscheibe
einfach in der Mitte durch und legt die Hälften mit der Schnitt-
fläche nach außen auf das Brot. So werden auch die Ecken des
Brots belegt und ihr nutzt die Fläche perfekt aus.

22 SO NUTZT IHR DEN GANZEN PLATZ EURER MIKROWELLE

Der Pärchen-Abend auf der Couch samt DVD steht bevor und ihr wollt euch noch schnell das Mittagsessen wieder aufwärmen? Das müsst ihr nicht hintereinander tun. Denn es passt auch noch eine zweite Schüssel in die Mikrowelle: Stellt die zweite einfach auf eine Tasse. So sollten beide Schüsseln gut auf einmal hineinpassen – und ihr könnt den Film sofort starten!

23 SO KÜHLT IHR EIN BIER IN ZWEI MINUTEN

Das Fußballspiel beginnt in fünf Minuten, aber das Bier ist noch nicht kalt? Nur die Ruhe. Legt die Bierflaschen einfach in eine Schale mit Eiswürfeln und etwas Wasser – und streut Salz darüber. Das Salz sorgt dafür, dass das Eis schneller schmilzt. Dabei wird der Umgebung Wärme entzogen, sodass das Bier rechtzeitig kühl wird.

24 SO BRENNT GRILLKOHLE RICHTIG AN

Endlich ist der Sommer da – und das Grillen kann beginnen. Aber ihr habt die Grillanzünder vergessen? Nur die Ruhe. Nehmt doch einfach einen alten Eierkarton. Legt ein paar Kohlebriketts hinein, denn hier lassen sie sich ganz einfach entfachen. Nun den ganzen brennenden Karton zur restlichen Grillkohle geben und schon kann das Grillfest beginnen.

25 SO VERHINDERT IHR, DASS KARTOFFELN KEIMEN

Ein alter Bauerntrick: Um zu verhindern, dass eure Kartoffeln keimen, legt einfach einen Apfel hinzu. Wichtig: Natürlich müsst ihr sie im Dunkeln lagern. Am besten in einem echten Kartoffelsack, denn gegen Licht hilft auch der beste Apfel nichts. Schaut hin und wieder mal hinein und achtet darauf, dass der Apfel nicht matschig geworden ist, denn dann sieht es auch für die Kartoffeln schlecht aus.

26 OFFENE CHIPSTÜTE? SO BLEIBT DER INHALT LÄNGER KNACKIG

Die Chipstüte ist noch halbvoll, aber ihr habt keinen Appetit mehr? So kriegt ihr die Tüte auch ohne Klammern oder Tesa wieder zu: Zunächst den oberen Teil der Tüte flach zusammen-drücken. Dann die Ecken nach Innen falten. Nun den oberen Rand aufrollen, bis die Ecken fast ganz verdeckt sind. Zuletzt das Ganze nach hinten stülpen. Klingt kompliziert, funktioniert aber wunderbar. Versucht es!

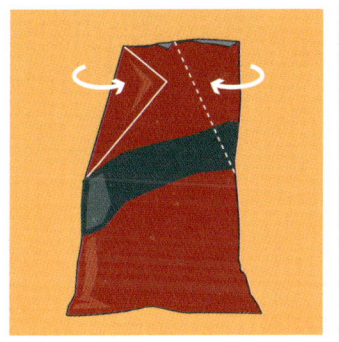

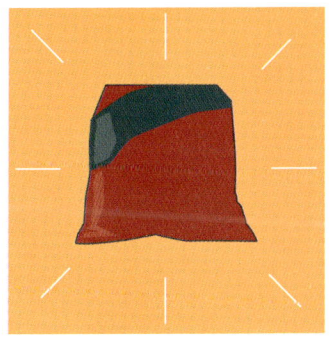

27 SO KÜHLT IHR GETRÄNKE OHNE EISWÜRFEL

Ihr habt euch eine Flasche Champagner gegönnt? Dann ist es wichtig, ihn richtig kühl zu halten, ohne dass er gleich verwässert. Verwendet dafür einfach Weintrauben. Ab mit ihnen in das Gefrierfach. Sobald sie gefroren sind, eignen sie sich wunderbar als Eiswürfelersatz und bieten zudem einen leckeren Snack, wenn das Glas leer ist.

28 SO VERPASST IHR EUREN DRINKS EINE BESONDERE NOTE

Ihr schmeißt eine Party und wollt eure Gäste mit ganz besonderen Drinks beeindrucken? Dann benutzt einfach Dauerlutscher, um die Cocktails umzurühren. Ob fruchtig, süß oder sauer: Verschiedene Sorten sorgen für unterschiedliche Geschmacksrichtungen. Wenn ein Gast seinen Drink aber lieber geschüttelt und nicht gerührt wünscht, bin ich mit meinem Latein auch am Ende ...

29 BANANEN SCHÄLEN FÜR FORTGESCHRITTENE

So gesund Bananen auch sind, so nervig sind diese bitteren Fäden, die sich ziehen, wenn ihr die Frucht von oben her schält. Das lässt sich einfach verhindern, indem ihr die Banane wie ein Affe schält: nämlich von unten. Einfach aufbrechen und fadenfrei nach oben schälen.

30 SO ÖFFNET IHR EINE FLASCHE BIER MIT PAPIER

Ihr wollt eine Flasche Bier öffnen, habt aber nichts zur Hand außer einer Zeitschrift? Kein Problem! Reißt einfach drei bis vier Seiten heraus und rollt sie zusammen. Nun in der Mitte falten und schon ist der Knick fest genug, um ihn als Hebel zu benutzen und die Flasche zu öffnen.

31 EUER WODKA SCHMECKT KOMISCH? MACHT IHN DOCH MAL SAUBER!

Kostengünstiger Wodka schmeckt manchmal … naja, es lohnt sich, hier etwas mehr Geld auszugeben. Dennoch lässt sich der billige Wodka noch retten, indem ihr ihn einfach durch einen Wasserfilter laufen lasst. Klingt kurios, hilft aber wirklich: Eklige Geschmacksnoten werden dabei herausgefiltert und der Drink wird so um einiges besser.

32 SO TUNT IHR LANGWEILIGE WEINE

Euer Wein schmeckt irgendwie langweilig? Dann versucht mal diese Tricks: Ein Weißwein wird viel interessanter, wenn ihr Apfel- und Ananasstücke sowie etwas Limettensaft hinzugebt. Das Ganze gut umrühren und fünf Minuten ziehen lassen. Zum Schluss die Früchte mit einem Sieb wieder entfernen und schon ist der Weißwein um Klassen besser.

Einen bitteren Rotwein rettet ihr mit ein paar Tropfen Sojasauce. Fehlt es dem Rotwein an Frucht, hilft ein Spritzer Portwein oder Johannisbeersaft. Und ist der Rotwein zu lasch, gießt einfach etwas säurehaltigen Weißwein hinzu.

HAUSHALT

33 MIT DIESEM TRICK ENTKALKT IHR EINEN WASSERHAHNKOPF GANZ EINFACH

Ihr stellt den Wasserhahn an und das Wasser spritzt in sämtliche Richtungen? Dann ist wahrscheinlich der Wasserhahnkopf verkalkt. Aber rennt nun nicht gleich in den nächsten Baumarkt, um einen neuen zu kaufen! Ihr löst den Kalk ganz einfach so: Nehmt etwas Watte, gießt Tafelessig oder Essigessenz darüber und klemmt sie mit einem Gummiband an die Wasserhahnöffnung. Schon nach 30 Minuten ist der Kalk verschwunden und das Wasser sollte wieder ganz geschmeidig geradeaus fließen.

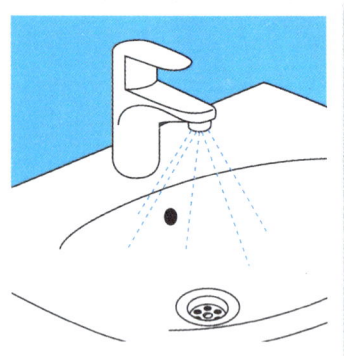

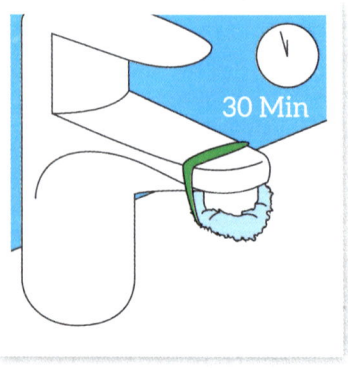

34 STUMPFE SCHERE? MIT DIESEM TRICK SCHNEIDET SIE WIEDER PERFEKT

Die Schere will nicht mehr so richtig schneiden? Dann nehmt doch einfach Schmirgelpapier. Zerschneidet zunächst etwas Schmirgelpapier mit der Schere. So werden die Klingen geschliffen. Etwa zehn Streifen sollten ausreichen. Für den Feinschliff zerschneidet ihr noch etwas Alufolie und schon kann das Basteln weitergehen.

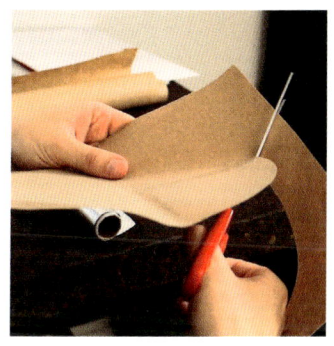

35 SO ENTFERNT IHR DUNKLE FLECKEN AN DER WAND – OHNE FARBE

Dunkle Flecken an der Wand bleiben einfach nicht aus. Doch man kriegt die meisten wieder ganz leicht weg, indem man die Stellen mit einem weißen Radiergummi wegradiert. Ihr werdet euch über das großartige Ergebnis wundern!

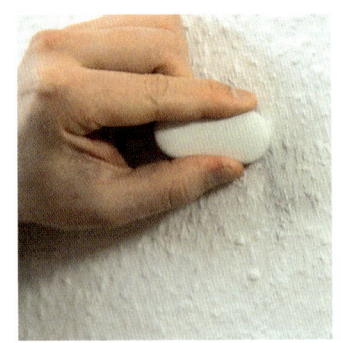

36 SO WIRD DIE TASTATUR WIEDER BLITZEBLANK

Wer viel am Rechner arbeitet, kennt das sicherlich: Mit der Zeit sieht die Tastatur einfach versifft aus. Rennt jetzt nicht gleich zum nächsten Elektrofachmarkt, um eine neue zu kaufen. Reinigt sie an Ort und Stelle, denn es reicht meist schon aus, ein Wattestäbchen in Essigessenz zu tunken. Damit kommt ihr auch zwischen die einzelnen Tasten und müsst euch nicht mehr fragen, was und wer alles in eurer Tastatur lebt.

37 GEHT LIEBER DUSCHEN, ANSTATT ZU BÜGELN

Zerknitterte Klamotten sind echt kein Hingucker, aber mit einem einfachen Trick könnt ihr ouch das Bügeln sparen. Hängt die Wäsche einfach im Badezimmer auf, während ihr duscht. Der heiße Wasserdampf ist ein wahrer Faltenkiller. Das Ganze eignet sich natürlich bestens für den Urlaub, wenn ihr blöderweise das Bügelbrett daheim vergessen habt.

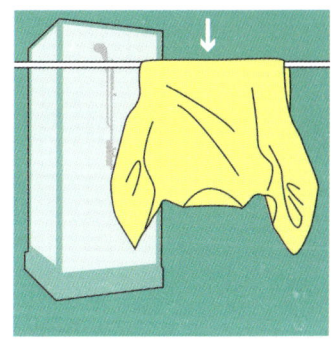

38 GENIAL EINFACH: SO WIRD EIN UNDICHTER DUSCHKOPF GEFIXT

Sollte euer Duschkopf lecken, liegt das möglicherweise an einem undichten Gewinde. Mit der Zeit werden diese nämlich anfällig. Ihr bekommt es aber wieder dicht, indem ihr einen ein Zentimeter breiten Streifen von einem Einweg-Gummihandschuh abschneidet. Nun den Duschkopf abdrehen und den Gummistreifen um das Gewinde wickeln. Ein- bis zweimal reicht schon, schließlich muss der Duschkopf wieder drauf. Nun wieder zuschrauben und schon ist der Duschkopf dicht.

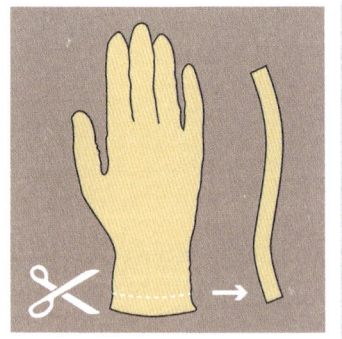

39 SO KOMMT IHR MIT DEM STAUBSAUGER IN DIE HINTERSTEN ECKEN

Manche Stellen im Zimmer sind so schmal, dass man mit dem Staubsauger nicht richtig hinkommt. Nehmt dafür einfach eine leere Klopapierrolle und setzt sie auf das Ende des Staubsaugerrohrs. Die Rolle lässt sich leicht biegen und kommt so auch in schmale Ritzen und Lücken. Wer hätte gedacht, für was eine leere Klopapierrolle alles gut sein kann ...

40 SO ENTFERNT IHR EINGEBRANNTE KRUSTEN IM BACKOFEN

Euer Ofen sieht mal wieder aus wie Sau? Einfach etwas Natron mit Wasser im Verhältnis 1:1 mischen. Die Paste dann auf die dreckigen Stellen auftragen und über Nacht einwirken lassen. Am nächsten Tag lässt sich der eingebrannte Dreck einfach mit einem feuchten Lappen wegwischen, denn das Natron spaltet Eiweißstoffe in Säuren auf, die wiederum wasserlösliche Salze bilden. Und die lassen sich ganz leicht wegwischen. Mit einem feuchten Tuch nachwischen und schon sieht der Ofen wieder aus wie neu.

41 SO PFLEGT IHR DEN REISSVERSCHLUSS AM STIEFEL

Euer Reißverschluss hakt beim Öffnen und Schließen? Dann schnappt euch eine Kerze. Öffnet den Verschluss und reibt die Kerze an den Metallzähnen, sodass sich das Wachs gut verteilt. Schließt und öffnet den Verschluss nun ein paar Mal und schon hakt hier nichts mehr.

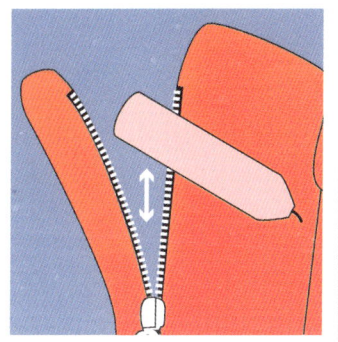 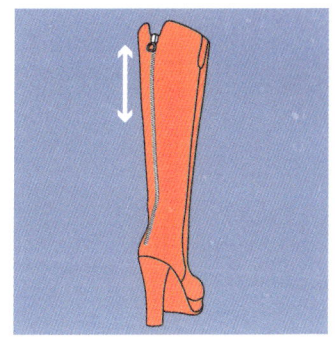

42 AHOI! SO WIRD EUER KLO WIEDER RICHTIG SAUBER

Euer Klo hat schon bessere Tage erlebt, weil der Toilettenreiniger leer ist? Schaut doch mal, ob ihr die gute alte Ahoi-Brause im Haus habt. Die eignet sich hervorragend als Toilettenreiniger-ersatz. Einfach ins Klo schütten, mit der Bürste gut einreiben und über Nacht einwirken lassen. Wer hätte gedacht, dass die Toilette mal so gut riechen würde?

43 SO BESEITIGT IHR KLEINSTE SCHERBEN VOM BODEN

Mist! Euch ist ein Glas heruntergefallen und überall liegen Scherben? Kein Problem. Die großen Scherben sammelt ihr vorsichtig mit der Hand ein, die kleinen erwischt ihr mit einer Scheibe Toastbrot. Kein Scherz: Einfach damit über den Boden wischen und schon haften sämtliche Splitter am Brot fest. Danach könnt ihr das Brot natürlich nicht mehr essen. Und bitte auch nicht den Enten geben. Ab damit in die Mülltonne!

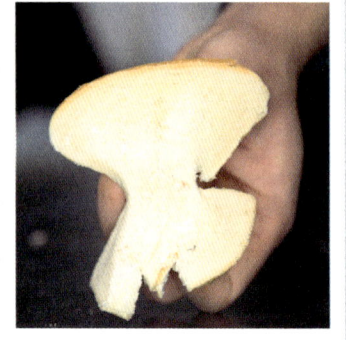

44 SO EINFACH WACHS ENTFERNEN

Euer Kerzenständer sieht aus wie aus einem Horrorfilm? Mit einem simplen Trick kriegt ihr ihn ganz schnell wachsfrei. Legt ihn einfach für etwa eine Stunde ins Gefrierfach. Bei der Kälte zieht sich das Wachs zusammen und löst sich so vom Kerzenständer. Nun müsst ihr nur noch leicht dagegen drücken und schon löst sich das Wachs wie von selbst.

45 GÜNSTIG UND STREIFENFREI FENSTER PUTZEN - WIE OMA

Schon die Omi wusste: Werft eure alte Tageszeitung nicht weg, sondern putzt damit eure Fenster. Das hat nämlich einen ganz speziellen Vorteil: Bei der Herstellung der Zeitung wird besonders viel Spiritus verwendet und der wirkt fettlösend auf den Dreck an der Scheibe. Außerdem ist Zeitungspapier sehr saugfähig, geradezu prädestiniert zum Fensterputzen. Probiert es aus! Ihr hattet nie einen besseren Durchblick.

46 SO BASTELT IHR IN WENIGEN SEKUNDEN EINEN BESENHALTER

Ihr macht gerade eure Wohnung sauber, lehnt den Besenstiel gegen die Wand und – rumms – ist er umgefallen. Dabei erschreckt nicht nur ihr, sondern womöglich auch der liebe Nachbar von unten. Verpasst dem Besen einfach etwas mehr Grip, indem ihr einen abgeschnittenen Finger eines Gummihandschuhs über das Besenstielende stülpt. So haftet der Besen besser an der Wand und auch der Nachbar kann ungestört seinen Mittagsschlaf machen.

47 SO BEKOMMT IHR HOLZBRETTCHEN KEIMFREI

Gegen Keime im Holzbrettchen reicht der normale Abwasch meist nicht aus. Hier müssen schwerere Geschütze her. Legt das Brett einfach nur eine Minute bei höchster Stufe in die Mikrowelle. Die Hitze tötet garantiert sämtliche Keime und sorgt für ein angenehmeres Gefühl am Frühstückstisch.

48 WIE IHR GLÄSER MIT KLEBEBAND ÖFFNET

Ihr habt richtig Lust auf ein paar Essiggurken, aber das Glas lässt sich einfach nicht öffnen? Versucht es doch mal mit Klebeband. Einfach einen rund 40 cm langen Streifen auf die eine Hälfte des Deckels kleben, gut andrücken und dann seitlich wegziehen. Es kann beim Öffnen etwas spritzen, aber endlich seid ihr an die Essiggurken gekommen! Lasst es euch schmecken, ihr habt es euch verdient!

49 SO WIRD AUS EINER PAPIERROLLE EIN PFLANZENBEET

Damit die Papierrolle später einen festen Stand hat und auch die Erde in sich behält, schneidet die Rolle auf einer Seite mit vier sich jeweils gegenüberliegenden, etwa zwei Zentimeter langen Schnitten ein. Faltet nun die vier Fächer so ineinander, dass sie sich selbst zusammenhalten. Ist das geschafft, folgen die Erde und der Samen. Etwas festdrücken, fertig! Sobald der Samen gekeimt hat, kann die Papierrolle in die Erde umgepflanzt werden, wo sie sich automatisch zersetzt. Ganz ökologisch.

50 EINE DO-IT-YOURSELF-GIESSKANNE

Hobby-Gärtner vor: Nehmt eine Mehrwegflasche und schraubt den Deckel ab. Stecht nun mit einer Schere oder einem spitzen Gegenstand vorsichtig drei Löcher in den Deckel. Nun die Flasche mit Wasser füllen, Deckel draufschrauben und schon habt ihr eine DIY-Gießkanne. Wen das ständige Auffüllen stört, der kann natürlich einen großen Kanister verwenden – wenn er denn stark genug dafür ist.

51 SO ENTKALKT IHR EUREN DUSCHKOPF OHNE CHEMIE

Beim Duschen spritzt Wasser in alle Richtungen, aber nicht auf euren Kopf? Höchste Zeit, den Duschkopf zu entkalken. Mischt dafür einfach etwas Essig und Wasser im Verhältnis 1:1. Kocht die Mixtur kurz auf und gießt sie in einen Gefrierbeutel. Steckt nun den Duschkopf hinein, verschließt den Beutel und lasst das Ganze über Nacht in der Wanne liegen. Den Rest erledigt nun der Essig.

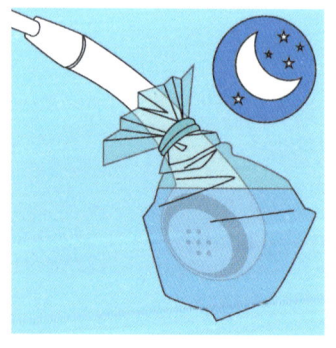
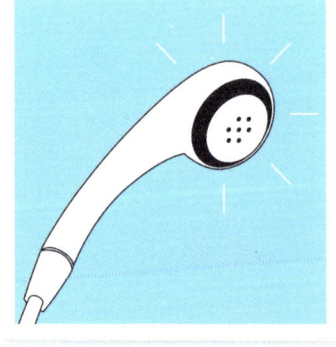

52 SO NUTZT IHR ZITRONEN ALS BLUMENTÖPFE

Trennt zunächst ein Stück vom unteren Ende der Zitrone ab, sodass sie später stehen kann. Dann schneidet etwa ein Drittel der oberen Zitrone weg. Nun fein säuberlich aushöhlen. Anschließend in die Unterseite ein Loch piksen, mit Erde und einem Samen befüllen und gut gießen. Achtung: Nicht alle Pflanzen vertragen Zitronensäure. Bitte beim Einkauf der Samen nachfragen. Schaut der Setzling aus der Erde, ist es Zeit, umzupflanzen – und zwar mit Zitronenschale, denn die kompostiert sich selbst.

53 SO WERDEN VERSTOPFTE ROHRE WIEDER FREI

Wenn ein Rohr verstopft ist, liegt das meist an Haaren oder Fettklumpen. So bekommt ihr ein Rohr aber ganz schnell wieder frei: Gießt eine Mischung aus Backpulver und Essigessenz in den Ausguss. Lasst das Ganze über Nacht einwirken und schon sollte die Verstopfung gelöst sein. Nein? Bei ganz hartnäckigen Verstopfungen hilft nur noch der Anruf beim Klempner.

54 PLATTE KOPFKISSEN?
SO WERDEN SIE WIEDER FLAUSCHIG

Wenn euer Kopfkissen scheinbar hoffnungslos platt gedrückt ist, legt es einfach für eine halbe Stunde in die Sonne. So verdampft sämtliche Flüssigkeit im Kissen und es lässt sich wieder locker aufschütteln. Sollte auch das nicht helfen, könnt ihr das Kissen einfach mal in die Waschmaschine werfen. Legt es nun in die Sonne und ihr bekommt das flauschigste Kissen, auf dem ihr je gelegen seid.

55 SO BLEIBT EUER MÜLLEIMER
SAUBER UND GERUCHSFREI

Ob Eierschalen, Konservendosen oder Milchtüten: Sämtliche Abfälle haben noch Flüssigkeiten in sich. Damit diese nicht am Boden des Mülleimers landen, falls die Mülltüte mal ein Loch hat, legt den Boden einfach mit einer alten Tageszeitung aus. Zeitungspapier ist besonders saugfähig und verhindert zudem, dass der Müllcocktail anfängt zu stinken. Damit das auch so bleibt, müsst ihr die Zeitung natürlich regelmäßig wechseln.

56 SO BEWÄSSERN SICH EURE PFLANZEN VON ALLEINE

Schneidet mit der Schere den oberen Teil einer Plastikflasche ab. Dreht dann ausreichend Küchenpapier zu einer langen Rolle. Das eine Ende kommt in die offene Flasche, das andere direkt auf die Pflanze. Wichtig ist, dass Flasche und Pflanze eng zusammenstehen. So muss das Wasser keinen zu langen Weg zurücklegen. Jetzt füllt ihr die Flasche mit ausreichend Wasser. Das Küchenpapier beginnt sofort, das Wasser aus der Flasche hoch zu saugen und bewässert dabei automatisch die Pflanze.

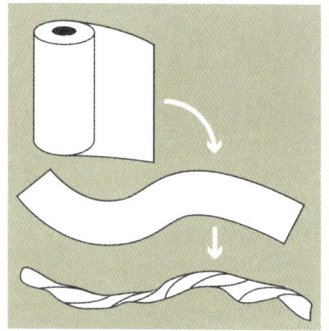

57 DAMIT WIRD EURE MIKROWELLE WIEDER RICHTIG SAUBER

Nu, lecker: In eurer Mikrowelle sieht es aus wie in einer Frittenbude? Dann nehmt euch ein Herz und macht sie endlich sauber. Um eure Mikrowelle wirklich kinderleicht zu reinigen, legt einfach einen nassen Schwamm für zwei Minuten bei niedrigster Stufe hinein. Das weicht allen Dreck auf und löst ihn ab. Danach lässt sich alles wunderbar wegwischen. Ganz ehrlich, habt ihr eure Mikrowelle so hell in Erinnerung?

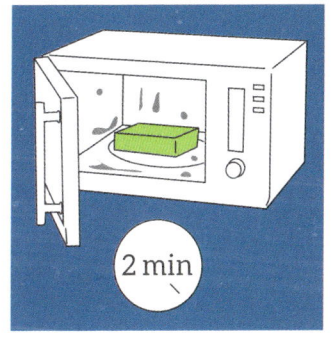

58 WAS EINE WALNUSS AN EUREN HOLZMÖBELN VERLOREN HAT

Kratzer, Dellen, Risse: Wenn eure Holzmöbel aussehen, als wäre eine Horde Katzen darüber hinweggefegt, dann sind sie noch lange kein Fall für den Sperrmüll. Schnappt euch einfach eine geschälte Walnuss und reibt damit über die betroffenen Stellen. Die Öle der Nuss wirken Wunder und lassen so manche Unschönheit verschwinden. Das klappt natürlich auch wunderbar beim Parkettboden.

59 NIE WIEDER EIN MUFFIGES ZIMMER

Ihr lüftet euer Zimmer immer und immer wieder – und doch will dieser muffige Geruch nicht verschwinden? Dann legt einfach ein paar trockene Teebeutel aus. Sie nehmen den lästigen Geruch auf und verpassen dem Zimmer einen frischen, fruchtigen Duft.

60 WIE IHR EIERSCHALEN PRAKTISCH NUTZEN KÖNNT

Köpft das Frühstücksei vorsichtig, damit die untere Hälfte intakt bleibt. Pikst nun ein kleines Loch in den Boden der Hälfte. So kann später Wasser ablaufen. Nun das Ganze mit Erde füllen, einen Samen hineinsäen und gut gießen. Sobald der Setzling zu groß für die Eierschale wird, könnt ihr ihn ganz einfach umpflanzen – und zwar mit der Schale. Die zersetzt sich nämlich ganz von selbst und liefert wertvolle Nährstoffe für den Boden.

61 SO WIRD DAS EINGELAUFENE SHIRT WIEDER GROSS

Oh nein! Euer Lieblings-T-Shirt ist nach dem Waschgang einge-
laufen? Nur die Ruhe! Ihr könnt es noch retten. Legt das Shirt für
30 Minuten in lauwarmes Wasser mit ausreichend Haarspülung.
Gut durchkneten und anschließend auswringen. Dehnt das Shirt
wieder in Form und schon habt ihr eure Ursprungsgröße zurück.

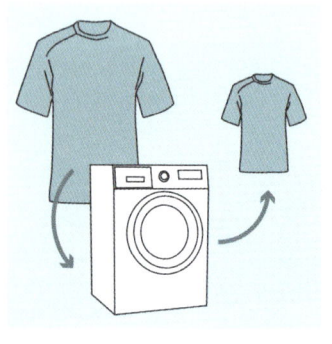
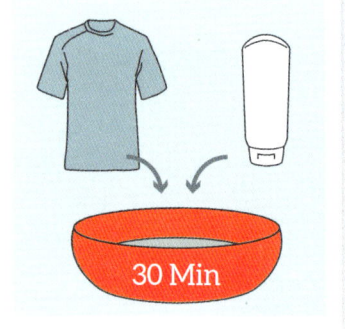
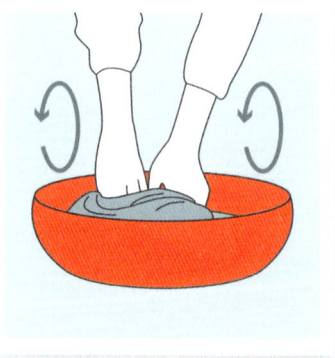
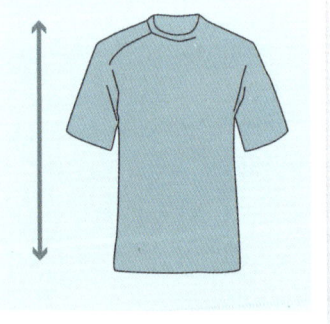

62 MIT DIESEM GENIALEN HAUSMITTEL REINIGT IHR EUREN BILDSCHIRM

Ihr schaut einen Film am Computer und fragt euch die ganze Zeit, wieso der Regisseur nur eine derart dunkle Lichtstimmung gewählt hat? Vielleicht braucht euer Bildschirm ja einfach nur eine Reinigung. Richtige Bildschirmreiniger sind meist teuer. Dabei tut es auch eine 1:1-Mischung aus Wasser und Weichspüler. Der Weichspüler wirkt zudem antistatisch und sorgt dafür, dass der Bildschirm länger staubfrei bleibt. Genial!

63 SO RIECHT SELBST EUER STAUBSAUGER GUT

Der Staubsauger ist dazu da, eure vier Wände sauber zu machen. Blöd nur, wenn der Staub zwar verschwindet, dafür ein eklig muffiger Geruch aus dem Gerät kommt, obwohl der Beutel noch lange nicht voll ist. Kein Problem, ihr werdet diesen Geruch los, indem ihr den Sauger einfach etwas Zimt aufsaugen lasst. So riecht die Luft, die aus dem Sauger kommt, wieder gut und sogar etwas weihnachtlich.

64 NIE WIEDER WASSERFLECKEN AUF HOLZ

Mit der Zeit bleiben Flecken nicht aus. Das gilt auch für Holzmöbel. Besonders Wasserflecken, wie zum Beispiel die Ränder von Trinkgläsern, sind ärgerlich. Sie lassen sich aber einfach entfernen, indem ihr sie mit etwas Butter und Zigarettenasche einreibt. Wirklich: Etwa 15 Minuten einwirken lassen und am nächsten Tag polieren. Falls ihr Nichtraucher seid, fragt bei der Kneipe an der Ecke nach. Dort gibt es sicher genug Rohstoff für diesen Hack.

65 MIT DIESEM EISIGEN TRICK WERDET IHR DELLEN IM TEPPICH LOS

Tisch- und Stuhlbeine hinterlassen auf dem Teppich gerne Dellen. Die sind zwar praktisch, falls man nicht mehr weiß, wo genau der Tisch nun stand. Wer die Dellen aber loswerden möchte, sollte zum Gefrierschrank gehen und sich ein paar Eiswürfel schnappen. Legt einfach ein paar in die Delle – und nach und nach richtet sich der Teppich wieder auf. Zwischendurch mit einer Bürste darüber wischen und schon ahnt niemand mehr, dass dort einmal ein Tisch stand.

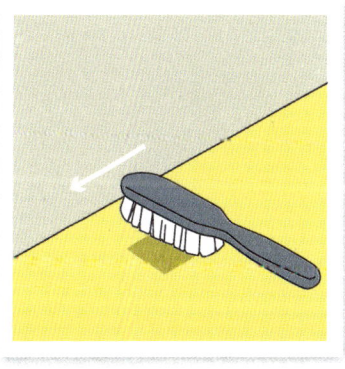

ALLTAG

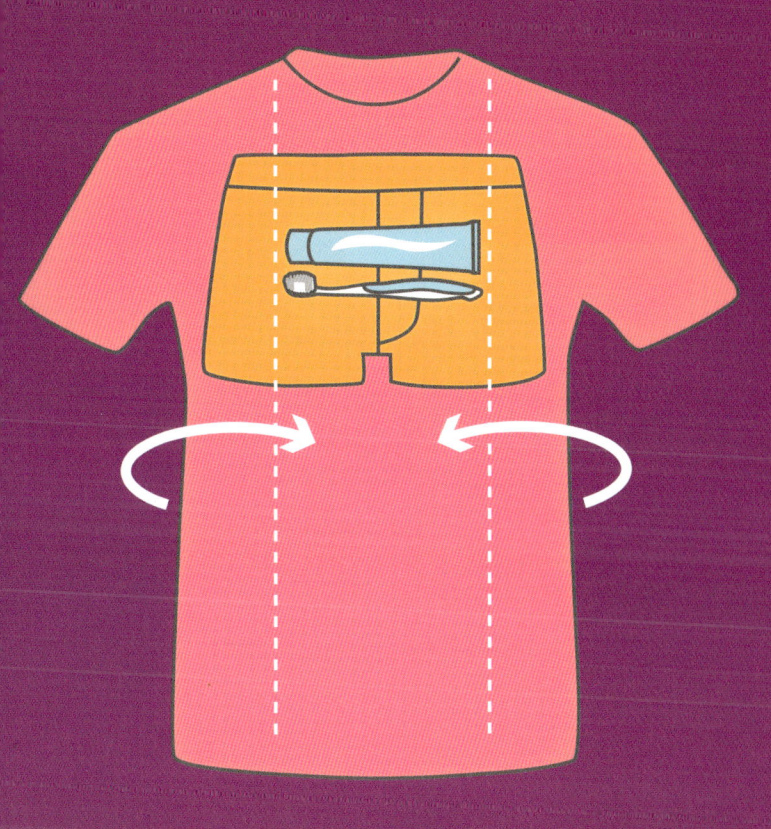

66 SO VERSCHLIESST IHR EINE PLASTIKTÜTE SICHER

Offene Plastiktüten mit Brot, Müsli oder Ähnlichem könnt ihr ganz einfach wieder verschließen. Was ihr braucht, ist nur eine Plastikflasche. Als Erstes schneidet ihr den Verschluss der Flasche ab. Lasst dabei etwa drei bis vier Zentimeter des Flaschenkörpers am Verschluss. Dann zieht ihr die Tütenöffnung durch den Verschluss und stülpt sie um. Und schon kann die Verpackung mit dem Flaschendeckel ganz einfach verschlossen werden.

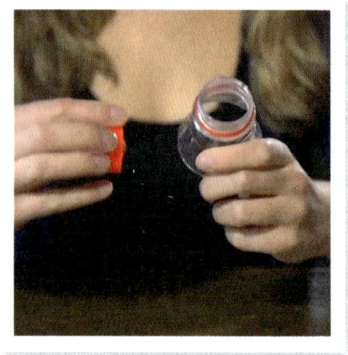

67 SO WERDEN SPAGHETTI ZUM KERZENANZÜNDER

Um eine alte Kerze in einem Glas anzuzünden, müsst ihr nicht eure eigenen Finger samt Feuerzeug tief in das Glas stecken. Dabei kommt man nur mit Brandblasen weg. Zündet einfach eine Spaghettistange an. Die brennt ganz wunderbar und lässt sich kinderleicht an den Docht im Glas halten.

68 SO WISST IHR IMMER, AUF WELCHER SEITE DER TANKDECKEL IST

Es ist der Mietwagen-Klassiker: Ihr müsst dringend tanken, fahrt an eine Tankstelle, habt aber keine Ahnung, auf welcher Seite der Tankdeckel ist. Dann schaut mal ganz genau auf das Armaturenbrett. Neben dem Symbol der Zapfsäule an der Tankanzeige ist ein Pfeil, der euch zeigt, auf welcher Seite der Tankdeckel ist.

69 SO EINFACH ENTFERNT IHR TOMATENSAUCENFLECKEN

Es ist schnell passiert: Gierig fallt ihr über die Spaghetti her und danach sieht das Hemd aus wie aus einem Horrorfilm. Wer im Tomatenrausch glaubt, die Kleidung wird nie wieder sauber, hat weit gefehlt. Die Flecken bekommt ihr ganz einfach mit etwas Essigessenz wieder weg. Großzügig auf den Fleck gießen, gut einwirken lassen und mit Wasser ausspülen. Wiederholt das Ganze so lange, bis der Fleck weg ist.

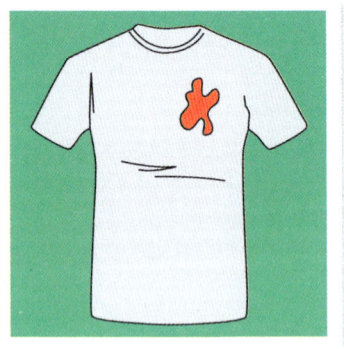 

70 NIE WIEDER ÄRGER MIT TESAFILM

Die Geburtstagsfeier beginnt gleich, aber das Geschenk ist noch
nicht eingepackt? Damit es wenigstens bei der Tesafilm-Rol-
le schnell geht und ihr nicht lange nach dem Anfang suchen
müsst, greift zum Portemonnaie. Ihr vermeidet dieses Problem,
indem ihr nach jedem Benutzen einfach ein Cent-Stück an das
Endstück klebt.

71 SO WERDET IHR BUNTSTIFTSPUREN AN DER WAND LOS

Ups! Die Kinder haben sich wieder als Maler versucht und die weißen Wände mit Buntstiften beschmiert? Kein Problem! Geht ins Badezimmer und schnappt euch Zahnpasta. Damit lassen sich die Buntstiftspuren ganz einfach entfernen. Einen Tupfer auf die bemalte Wand geben, etwas einreiben und mit einem feuchten Tuch abwischen. Achtet darauf, dass es eine weiße Zahnpasta ist, so bleiben wirklich keine Rückstände mehr.

72 SO HABT IHR IM URLAUB ALLES DABEI

Endlich! Die große Jahresreise steht bevor? Dann hilft es auf jeden Fall, eine Liste mit allen Dingen zu erstellen, die ihr mitnehmen wollt. Druckt sie unbedingt zweimal aus, denn so vergesst ihr nichts und kommt auch mit allem wieder zu Hause an. Ein Exemplar dient dazu, um zu checken, ob ihr beim Packen nichts vergessen habt, und eines, um bei der Abreise zu schauen, ob ihr alles wieder eingepackt habt.

73 SO SCHNELL KLEBT KRAFTLOSES KLEBEBAND WIEDER

Es ist einfach ärgerlich: Klebeband verliert mit der Zeit an Klebekraft. Um die alte Rolle wieder frisch zu kriegen, legt sie einfach für fünf Minuten bei niedrigster Stufe in die Mikrowelle. Durch die Strahlung werden die Moleküle des Klebstoffs bewegt. Dadurch entsteht Reibung und der Kleister wird wieder aktiv. So spart ihr euch den Kauf einer neuen Rolle.

74 DAS HILFT GEGEN LÄSTIGEN GESTANK IM AUTO

Ups! Im Auto riecht es irgendwie muffig? Natürlich ist es am besten, die Quelle des üblen Geruchs zu entfernen. Sollte das nicht möglich sein, weil er möglicherweise im Polster steckt oder die betroffene Stelle nicht richtig gereinigt werden kann, stellt einfach eine kleine Schale mit einer Essig-Wasser-Mischung oder mit Kaffeepulver im Auto auf. Die Gerüche übertünchen den Gestank und die Fahrt wird um einiges angenehmer.

75 SO PACKEN PROFIS FÜR DEN KURZTRIP

Für die ultimative „Travel-Wurst" müsst ihr nicht viel tun: Legt zunächst die Shorts in Brusthöhe auf das T-Shirt. Zahnbürste und Zahnpasta oben drauf und nun die Seiten des Shirts nach innen falten. Die Socken in entgegengesetzter Richtung auf das obere Ende des Shirts legen, so dass die Öffnungen an der Seite hervorragen. Das Ganze nun zu einer Wurst zusammenrollen und die offenen Sockenenden über die Rolle stülpen. Fertig ist das praktisch verpackte Reisegepäck.

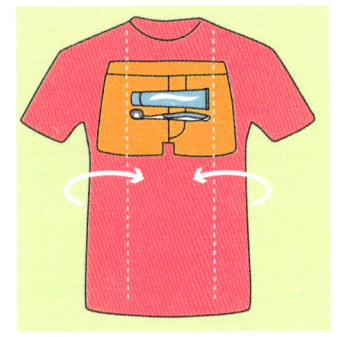

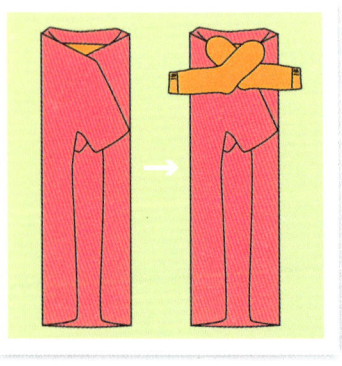
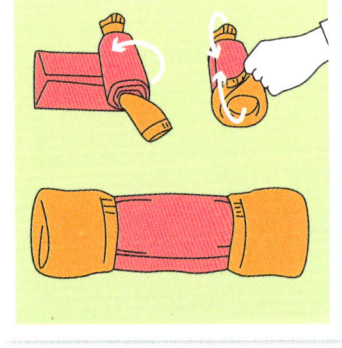

76 SO KOMMT DER SCHLÜSSEL AUF DEN RING

Beim Versuch, den Schlüssel auf den Schlüsselring zu kriegen, sind schon so manche Fingernägel abgebrochen. Vermeiden lässt sich das Ganze mit einem Klammerentferner. Der hält den Ring ganz schmerzfrei offen, sodass ihr den Schlüssel nur noch einfädeln müsst. Eure Finger werden es euch danken!

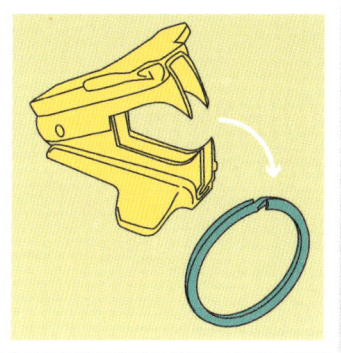

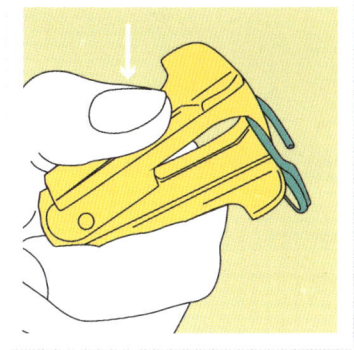

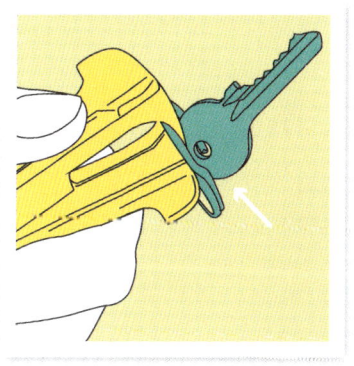

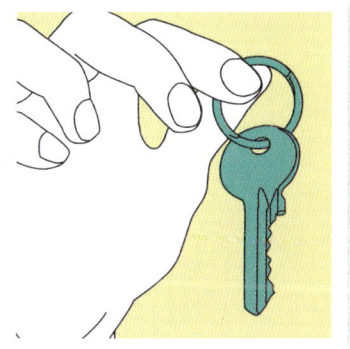

77 SO WERDEN EURE SCHUHE BLITZSCHNELL GLÄNZEND SAUBER

Mit einem Feuchtigkeitstuch und einem Nylonstrumpf bekommt ihr eure Schuhe wieder schön glänzend. Einfach den groben Dreck mit dem Feuchtigkeitstuch wegwischen. Anschließend den Nylonstrumpf mit kreisförmigen Bewegungen über den Schuh führen – das ersetzt eine Politur und sorgt dafür, dass der Schuh wieder wie beim ersten Tragen strahlt.

78 SO WERDEN EURE SCHEINWERFER WIEDER SAUBER UND KRATZFREI

Die Scheinwerfer am Auto haben es nicht einfach. Dauernd fliegt ihnen etwas entgegen, das sich nicht so leicht entfernen lässt. Und irgendwann kann man gar nicht mehr glauben, dass sie wirklich an sind! Hier heißt das Stichwort: Zahnpasta mit Mikroplastik. Die Mikroperlen in der Pasta wirken wie eine Politur. Sie lösen nicht nur hartnäckigen Dreck, sondern entfernen auch kleine Kratzer.

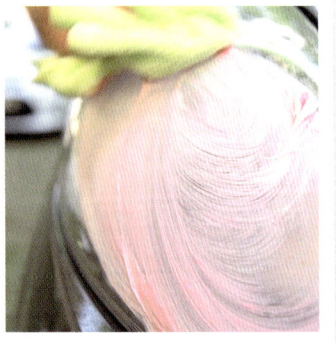

79 SO SPART IHR TEURES IMPRÄGNIERSPRAY FÜR DIE SCHUHE

Die günstige Variante zum Imprägnierspray heißt Teelicht. Reibt den Schuh einfach vorsichtig mit einem Teelicht ein. Ist alles gut verteilt, geht ihr mit dem Fön drüber. So schmilzt das Wachs und zieht in den Schuh ein. Gut auskühlen lassen und für die Generalprobe unter den Wasserhahn halten. Perlt das Wasser ab, muss nicht mehr nachjustiert werden und ihr könnt gleich nach draußen gehen.

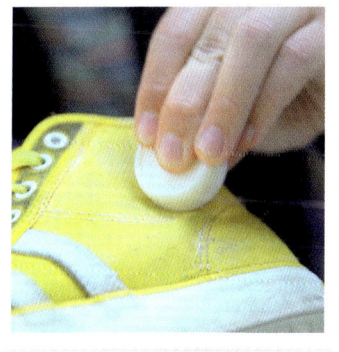

80 SO EINFACH SCHÜTZT IHR WERTSACHEN VOR EINBRECHERN

Natürlich ist nichts so sicher wie ein Tresor, doch die günstige Variante ist auch nicht schlecht: Nehmt zwei Aktenordner und trennt von einem den vorderen Ordnerdeckel ab, vom anderen den hinteren. Lasst aber drei bis vier Zentimeter stehen, denn nun werden die beschnittenen Seiten aneinander geklebt. Gut trocknen lassen und mit etwas Langweiligem beschriften wie z. B. „Omas Waschmaschinenanleitung". Nun ins Regal stellen und eure Wertsachen dahinter verstecken. Da geht garantiert keiner ran.

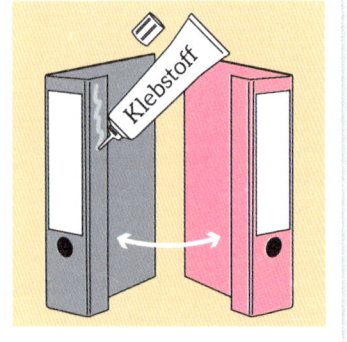

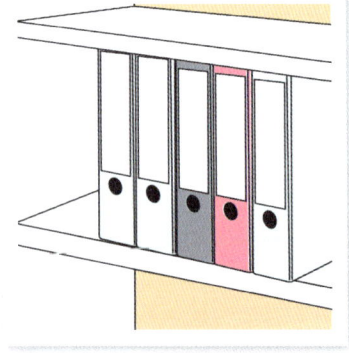

81 SO LEGT IHR EIN SHIRT IN DREI SEKUNDEN ZUSAMMEN

Legt zunächst das Shirt mit dem Halsausschnitt nach rechts flach vor euch aus. Dann zieht ihr gedanklich zwei Linien: eine von Saum bis zur Schulter und eine durch die Mitte des Shirts. Mit der linken Hand greift ihr nun den Punkt, an dem sich die Linien kreuzen. Mit rechts haltet ihr das Shirt am Schulterpunkt fest. Nun mit der linken Hand den Stoff herausziehen und gleichzeitig die beiden Lagen mit der rechten Hand nach rechts bewegen. Den übrigen, heraushängenden Ärmel nach hinten klappen und glatt streichen. Fertig!

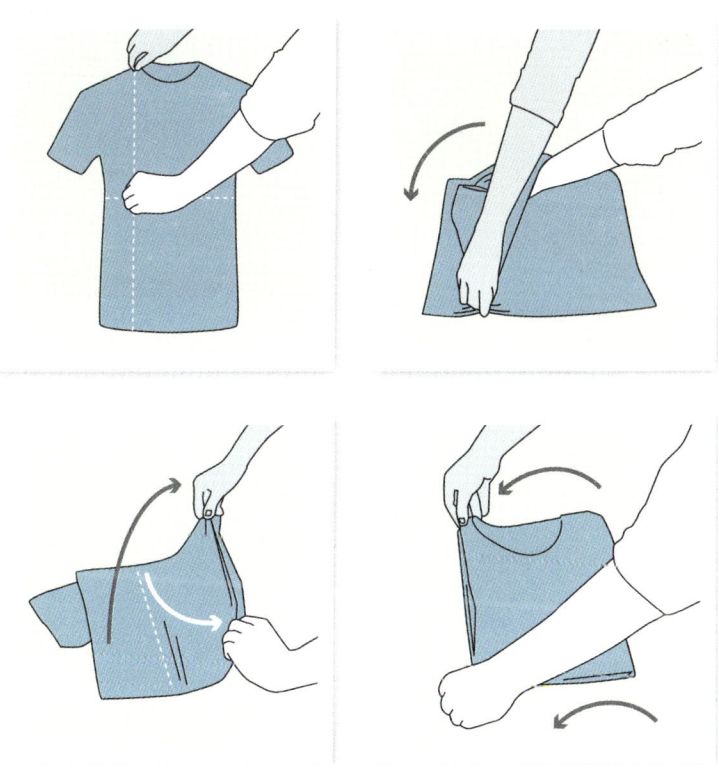

82 SO BRINGT IHR EURE LACKSCHUHE AUF HOCHGLANZ

Der Abschlussball steht bevor, doch eure Lackschuhe sehen aus, als hätten sie schon bessere Tage erlebt? Dann schnappt euch zunächst einen fusselfreien Lappen, um den oberflächlichen Schmutz zu entfernen. Nun die Lackschuhe mit etwas Feuchtigkeitspflege polieren. Mit etwas Geduld und Ausdauer können so Flecken und Dreck spiegelglatt entfernt werden.

83 SO BRENNEN EURE KERZEN LÄNGER

Ihr habt die perfekte Kerze gefunden? Dann sorgt dafür, dass ihr auch etwas von ihr habt! Ihr könnt die Brenndauer nämlich kinderleicht verlängern, indem ihr die Kerze vor dem Anzünden für ein paar Stunden in das Gefrierfach legt. So wird das Wachs härter und verbrennt nicht so schnell.

84 NIE WIEDER ÖLFLECKEN IN DER EINFAHRT

Oh je! Euer Auto hat in der Einfahrt etwas Öl verloren? Das kann gefährlich werden, also kehrt es lieber weg. Am besten geht das, wenn ihr etwas Katzenstreu draufgebt. Sie saugt das Öl auf und lässt sich anschließend einfach auffegen. Ältere Flecken lassen sich hingegen mit etwas Cola entfernen. Gut einreiben und über Nacht einwirken lassen. Anschließend mit einer Bürste und einem feuchten Tuch wegwischen.

85 SO ELIMINIERT IHR GERÜCHE IM PLASTIKBEHÄLTER

Ihr nehmt jeden Tag euer Mittagessen mit zur Arbeit, aber irgendwie riecht der Plastikbehälter nach dem Curryhühnchen von vor drei Wochen, obwohl ihr ihn schon ausgiebig gereinigt habt? Dann lasst euch den Appetit nicht verderben! Legt einfach über Nacht eine Seite Zeitungspapier hinein. Am nächsten Morgen ist der Geruch verschwunden.

86 SO FÄDELT IHR SCHNÜRSENKEL RICHTIG EIN

Für die sportliche Variante: Den Schnürsenkel von außen nach innen durch die Laschen ziehen und über Kreuz bis nach oben durchfädeln. Bei den letzten beiden Löchern den Schnürsenkel nicht von außen, sondern von innen durchführen. So kann die Schleife gebunden werden.

Für eine ausgefallenere Schnürweise werden die Enden zunächst von innen nach außen durchgefädelt und dann kreuzweise von

außen nach innen geschnürt. Im Schuh werden die Seiten gewechselt und weitere Kreuze von außen nach innen gebunden.

Bei der klassischen Variante werden die Schnürsenkel gerade geschnürt. Dafur wird der Schnürsenkel von außen nach innen gleichlang durchgeführt. Mit den Schnürsenkeln wird dann abwechselnd gefädelt. Der erste überspringt ein Loch und wird von innen nach außen gefädelt. Der zweite wird durch das nächstfolgende Loch gezogen und dann gerade ins gegenüberliegende Loch gefädelt. Die Länge der Schnürsenkel kann dann am Ende angepasst werden.

87 SO ENTFERNT IHR HARTNÄCKIGE FETTFLECKEN AUS DER KLEIDUNG

Fettflecken bedeuten entweder Kochwäsche oder Mülltonne. Dabei gibt es ein Hausmittel, dass ihr garantiert daheim habt: Geschirr-spülmittel. Einfach auf den Fleck auftragen, gut einreiben und auswaschen. Das Ganze so lange wiederholen, bis der Fleck weg ist. Da hat selbst der hartnäckigste Fettfleck keine Chance! Aber nicht weitersagen – wenn die Hersteller erfahren, wofür ihre Mittel alles gut sind, erhöhen sie die Preise.

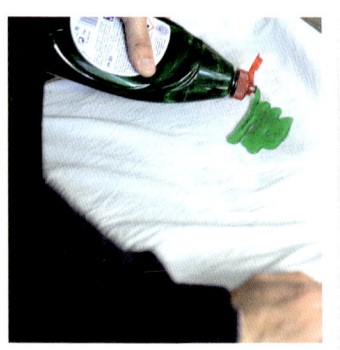

88 SO WERDEN SNEAKERS BLITZBLANK

Stolperkratzer auf glatten Oberflächen sind nicht nur ärgerlich, sie sehen auch nicht gerade klasse aus. Dabei lassen sie sich ganz einfach mit Nagellackentferner behandeln. Auftragen und mit einem fusselfreien Tuch einreiben. Schon sieht der Schuh wieder aus wie neu. Raue Flächen hingegen behandelt ihr am besten mit Zahnpasta und einer Zahnbürste. Die gelangt auch in die tiefen Stellen und sorgt für blitzblanke Schuhe.

89 NIE WIEDER NERVIGE AUFKLEBER AUF NEUEM GESCHIRR

Ob auf der Blumenvase, auf der Tasse oder auf dem Teller: lästige Aufkleber auf neuen Produkten nerven und kosten Fingernägel. Dabei lassen sie sich ganz einfach entfernen. Sprüht eine alkoholische Flüssigkeit darauf, wie zum Beispiel ein günstiges Parfum. Lasst diese eine Weile einziehen und schon könnt ihr den ekligen Kleber ganz einfach abwischen. Klappt natürlich auch bestens mit dem billigen Rest-Fusel von der letzten Party.

90 SO ENTFERNT IHR POLSTERFLECKEN

Eklige Flecken im Polster des Autos sind ärgerlich, da man die meisten Polster nicht einfach herausnehmen kann. Stattdessen hilft Rasierschaum. Der ist einfach zu dosieren und zieht nicht gleich im ganzen Polster ein. Auftragen, einwirken lassen und mit einem feuchten Tuch abwischen. Selbst grobe Flecken sind damit Geschichte! Sollte ein Fleck jedoch tief im Polster eingezogen sein und einen üblen Geruch verursachen, sollte man damit am besten gleich zum Fachmann gehen.

91 SO REINIGT IHR WILDLEDERSCHUHE

Oberflächliche Flecken auf Wildleder lassen sich wunderbar mit einem Radiergummi entfernen. Einfach wegradieren und die Fusseln entfernen. Tiefere Verschmutzungen bekommt ihr mit einer Wasser-Spülmittel-Mischung weg. Vorsichtig mit einer Bürste einreiben und danach trocknen lassen. Am besten, indem ihr Zeitungspapier in die Schuhe stopft. Aber Achtung: Nicht auf der Heizung trocknen lassen. Das könnte den Kleber lösen und die Schuhe kaputt machen.

92 SO FINDET IHR KLEINSTE DINGE WIEDER

Euch ist eine winzige Schraube oder ein Ohrring heruntergefallen und ihr findet sie bzw. ihn absolut nicht wieder? Dann geht mal zum Kleiderschrank. Stülpt einfach einen Nylonstrumpf über euer Staubsaugerrohr. Saugt nun sorgfältig über den Boden. Beim Ansaugen bleibt der verloren geglaubte Schatz sicher im Strumpf hängen.

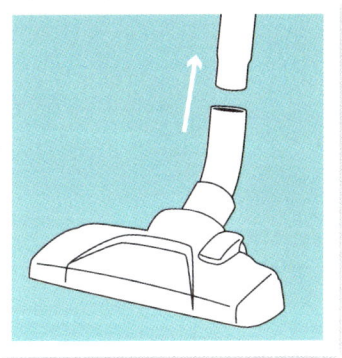
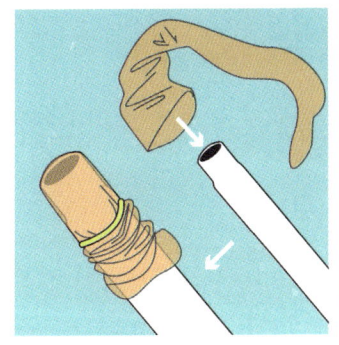

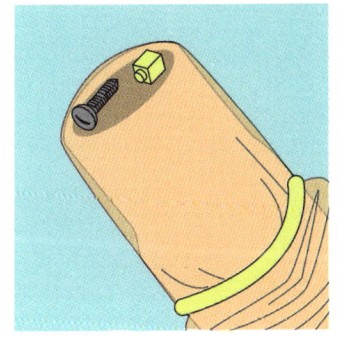

93 MIT DEM DOSENÖFFNER GEGEN LÄSTIGE VERPACKUNGEN

Manche Plastikverpackung fordert alles von einem ab und am Ende hat man trotzdem einen blutenden Finger. Meist ist das bei kleineren Geräten wie USB-Sticks oder Netzteilen der Fall. Schont eure Finger und lasst doch einfach den Dosenöffner ran. Der öffnet euch wirklich jede Plastikverpackung.

94 SO HABT IHR IMMER TROCKENES KLOPAPIER

Euch steht eine Abenteuerreise bevor, ihr wollt aber nicht auf das gute alte Toilettenpapier verzichten? So klappt es mit der Hygiene: Ihr könnt eine ganze Klopapierrolle trocken halten, indem ihr sie einfach in eine alte CD-Spindel packt. Wer hätte gedacht, dass die noch mal zu etwas gut ist?

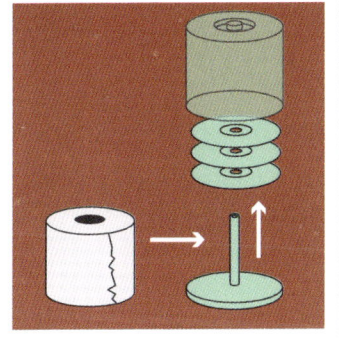 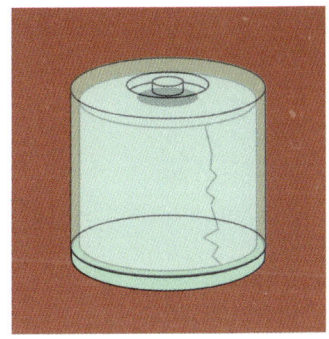

95 DER REISSVERSCHLUSS HAKT? GREIFT ZUM BLEISTIFT!

Das Wetter lässt schwer zu wünschen übrig und ihr würdet gerne eure Jacke zumachen, doch der blöde Reißverschluss hakt? Geht einfach in die nächste Schreibwarenhandlung und malt die Zähne des Verschlusses mit einem Bleistift an. Schließt und öffnet den Reißverschluss ein paar Mal, damit sich alles gut verteilt. Danach lässt er sich wieder geschmeidig öffnen und schließen.

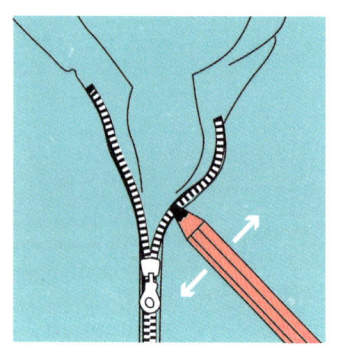

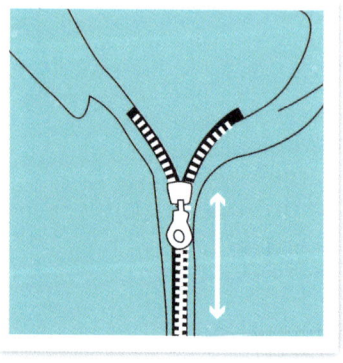

96 SO EINFACH REPARIERT IHR AUSGEFRANSTE SCHNÜRSENKEL

Mit der Zeit sieht der beste Schnürsenkel nicht mehr frisch aus. Wenn die Enden ausgefranst sind, schneidet sie zunächst mit einer Schere ab. Tunkt dann die neuen Enden in einen farblich passenden Nagellack. Danach den überschüssigen Nagellack abstreichen. Nach drei bis vier Minuten ist das Ganze getrocknet und die Schnürsenkel sind wieder wie neu.

97 DER PERFEKTE ERSATZ FÜR EUREN KOPFKISSENBEZUG

Mist! Die Pyjamaparty eures Kindes mit allen seinen Schulfreunden steht bevor, aber ihr habt nicht genug Kopfkissenbezüge für alle? Dann greift einfach zum sauberen T-Shirt. Das eignet sich hervorragend als Bezugersatz und ihr verhindert so einen Hygiene-Super-GAU, denn ob ihr es hören wollt oder nicht: Im Kopfkissen leben etliche Arten von Bakterien und Pilzen. Nicht lange drüber nachdenken, nehmt einfach ein T-Shirt.

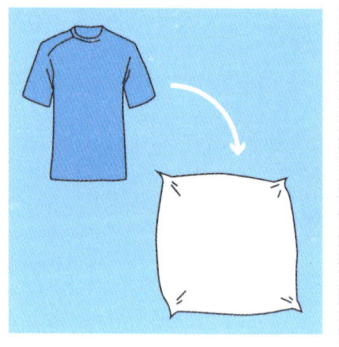
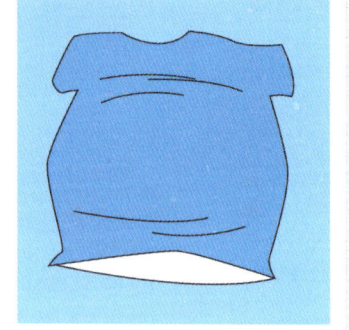

98 IMMER KLARE SPIEGEL – AUCH IM WINTER

Draußen liegt Schnee und bevor ihr mit dem Auto losfahren könnt, müsst ihr erst einmal kratzen? Um die Zeit zu sparen, die dabei drauf geht, schmiert die Scheinwerfer und die Außenspiegel am Vorabend einfach mit etwas Glycerin ein. Das gibt es günstig in der Apotheke und es verhindert, dass man morgens kratzen muss.

99 SO EINFACH ENTFERNT IHR SCHOKOFLECKEN

Ups! Ausgerechnet das weiße Lieblings-T-Shirt ist voller Schokolade? Kein Problem. Einfach mit einem Messer die Schokolade vorsichtig abkratzen und den verbliebenen Fettfleck mit Spülmittel einreiben. Ab damit in die Waschmaschine und schon ist das T-Shirt wieder sauber.

TECHNIK

100 SO HOLT IHR DAS MEISTE AUS EURER HEIZUNG

Es ist Winter, draußen fällt der Schnee, aber es will nicht warm werden bei euch? Vielleicht liegt das an dünnen Außenwänden. Pimpt also eure Heizung. Nehmt eine Styroporplatte in der Größe eurer Heizung und beklebt eine Seite davon mit Alufolie. Wichtig: Benutzt lösungsfreien Kleber, sonst löst sich das Styropor auf. Danach klebt ihr die Platte mit doppelseitigem Klebeband an die Wand hinter die Heizung. Die Alufolie reflektiert die Wärme der Heizung in den Raum und lässt sie nicht nach draußen verschwinden.

101 SO WERDET IHR ZUM PANZER-KNACKER EURES VORHÄNGESCHLOSSES

Ihr habt den Schlüssel für ein Vorhängeschloss verloren oder er ist sogar abgebrochen? Dann ruft nicht gleich einen Schlosser, sondern geht erst einmal zur Werkzeugkiste, denn dort findet ihr Schraubenschlüssel. Einfach jeweils einen Zahn eines Schraubenschlüssels in den Bogen des Schlosses stecken und dann die anderen Enden zueinander drücken. Die Zähne drücken sich nun nach außen, bis der Bogen sprichwörtlich überspannt und platzt. Das kostet zwar etwas Kraft, funktioniert aber bestens.

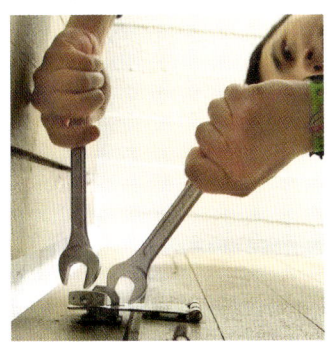

102 MIT DIESEM TRICK LADET IHR EUER SMARTPHONE NOCH SCHNELLER AUF

Ihr habt es eilig, aber euer Smartphone ist noch nicht aufgeladen? Dann schaltet es einfach in den Flugmodus. Hintergrundaktualisierungen und -aktionen werden so unterbunden und der Akku kann sich ganz auf das Aufladen konzentrieren. Für unterwegs gibt es mittlerweile leistungsstarke Aufladegeräte, sogenannte Powerbanks, die wohl die stressfreiste Lösung sind.

103 SO REICHT EUER WLAN BIS IN DIE LETZTE ECKE

Habt ihr auch diesen einen Spot in der Wohnung, zu dem das WLAN nicht reicht? Bei mir ist das die Toilette. Ihr könnt euch vorstellen, wie ärgerlich das sein kann. Um das zu umgehen, schnappt euch einfach einen alten Pizzakarton oder etwas Pappe und wickelt Alufolie darum. Am Ende etwas biegen, damit ein rundlicher Schirm entsteht. Nun das Ganze hinter den WLAN-Router stellen. So verstärkt ihr das Signal in eine bestimmte Richtung.

104 SO SCHÄRFT IHR MESSER BEIM KAFFEEKLATSCH

Stumpfe Messer können in der Küche für richtig schlechte Laune sorgen. Wenn dann weder ein Wetzstahl noch ein Schleifstein in der Nähe sind, trinkt erst mal eine Tasse Kaffee. Dazu ein Keks und die Welt sieht wieder besser aus. Und sobald die Tasse leer ist, dreht sie um, denn der raue Ring am Boden ist bestens zum Schleifen des Küchenmessers geeignet. Diese Stelle wird näm- lich nicht poliert, da die Tasse sonst rutschen würde. Also nutzt sie einfach als Schleifstein.

105 NIE MEHR BLAUE FINGER BEIM NAGELN

Okay, das ist wirklich ein Kalauer. Aber ihr müsst zugeben, beim Nägel in die Wand schlagen ist euch der Hammer auch schon mal auf dem Finger gelandet. Um das zu verhindern, geht mal zum Wäscheständer und schnappt euch eine Wäscheklammer. Klemmt zum Fixieren einfach den Nagel in die Klammer und haltet diese an die Wand. Durch den Abstand zum Nagel bleiben eure Finger sicher verschont.

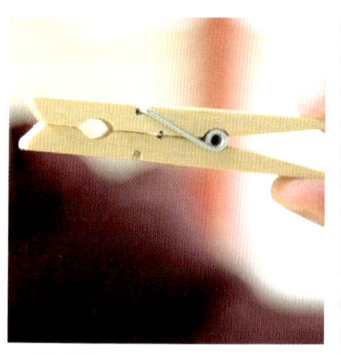
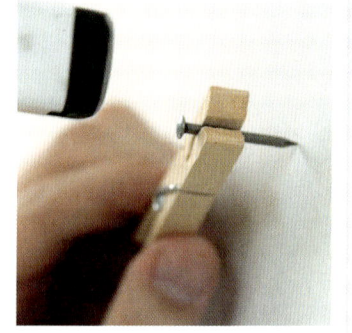

106 SO ENTFERNT IHR LACKKRATZER

Die schlechte Nachricht: Kleine, oberflächliche Kratzer am Auto bleiben nicht aus. Die gute Nachricht: Ihr bekommt die Minikratzer ganz einfach wieder weg. Nehmt einfach etwas Zahnpasta. Wichtig: Die Pasta sollte sogenannte Microbeads, also Mikroperlen, enthalten, denn die wirken wie eine Politur. Einfach auftragen, mit einem Lappen gut einreiben und schon sind die Kratzer weg. Tiefer gehende Kratzer sollte natürlich der Fachmann entfernen.

107 SO BOHRT IHR LÖCHER OHNE DRECK

Ihr renoviert eure Wohnung und habt schon genug Dreck verteilt? Zumindest beim Bohren könnt ihr ganz einfach sauber arbeiten. Um zu verhindern, dass das Bohrmehl auf dem Boden landet, schnappt euch einfach einen ganz normalen Post-it. Klebt ihn unterhalb des Bohrlochs und knickt ihn nach oben. Wenn ihr nun anfangt zu bohren, fällt das Bohrmehl auf den Post-it und nicht mehr auf den Boden.

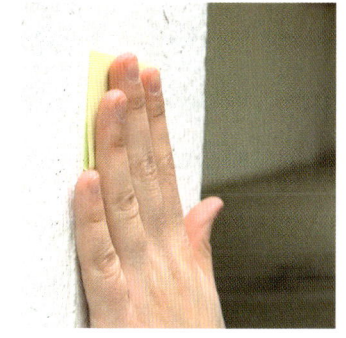

108 SO BAUT IHR EUCH EINE HALTERUNG FÜRS TABLET

Ihr steht in der Küche und probiert ein neues Rezept aus dem Internet. Doch immer umdrehen und auf das Tablet schauen nervt ganz schön. Bastelt euch einfach eine Tablet-Halterung an der Wand. Schnappt euch dafür drei selbstklebende Handtuchhalter und haftet sie an einer fett- und staubfreien Oberfläche an, am besten an sauberen Kacheln. Zunächst zwei unten, legt dann das Tablet hinein und befestigt einen weiteren umgekehrt an der oberen Tablet-Kante. Schon habt ihr eine smarte Halterung.

109 SO TESTET IHR EURE MUSIKBOXEN RICHTIG

Ihr wollt euch mal richtig gute Lautsprecher gönnen, aber wisst nicht genau, worauf man beim Kauf achten soll? Um zu checken, ob die neuen Boxen wirklich etwas taugen, solltet ihr den Song Bohemian Rhapsody von Queen abspielen. Das Lied beinhaltet so ziemlich alles, was gute Lautsprecher verzerrungsfrei abspielen können sollten, wie z. B. tiefe Bässe, A-cappella-Gesang und deftige Gitarrenriffs. Und auch wenn es extrem schwer fällt: Versucht nicht mitzusingen, denn sonst hört ihr nicht mehr alles, was die Boxen von sich geben.

110 ROSTIGES WERKZEUG? NICHT MIT DIESEM TRICK!

Ihr kennt doch bestimmt diese kleinen Silikagel-Beutel bei neu gekauften Produkten, die Feuchtigkeit beseitigen sollen. Was macht ihr damit, wenn ihr eure Produkte ausgepackt habt? Werft sie bloß nicht weg, sondern legt sie in euren Werkzeugkasten. Die kleinen Beutel nehmen nämlich weiterhin Feuchtigkeit auf und verhindern so, dass das Werkzeug anfängt zu rosten.

111 SO VERHINDERT IHR, DASS EUER HANDYLADEKABEL BRICHT

Die Aufladekabel mancher Hersteller haben häufig eine Schwachstelle: Die beiden Enden werden gerne porös. Das ist gefährlich und einfach schlecht. Um dieses Szenario von vornherein zu verhindern, stärkt den Anschluss einfach mit der Feder aus einem Kugelschreiber. Die sind günstig und lassen sich ganz einfach um das Kabel wickeln. So wird das Kabel nicht so schnell gebogen und bleibt somit fest wie am ersten Tag.

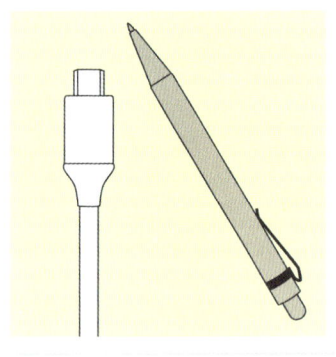

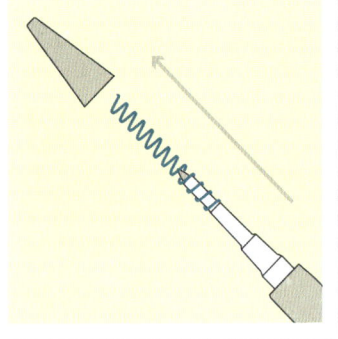

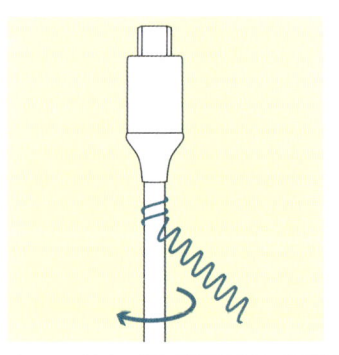

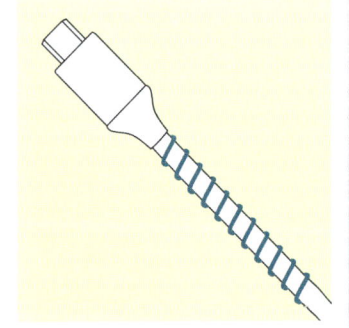

112 WASSERSCHADEN? DIESER TRICK KANN EUER HANDY RETTEN

Euer Smartphone ist in die Pfütze, in die Toilette oder in die Dusche gefallen? Ihr könnt es eventuell noch retten. Zunächst das Gerät ausschalten, sofern es noch an ist und reagiert. Legt es dann in eine Dose voller Reis. Die Dose gut verschließen und über Nacht stehen lassen. Mit etwas Glück entzieht der Reis dem Handy die gesamte Feuchtigkeit und das Gerät kann wieder ganz normal genutzt werden. Falls es dennoch etwas spinnt, geht damit zum Fachmann. Meist ist eine Reparatur günstiger als ein neues Gerät.

113 DIESE SMARTPHONE-HALTERUNG FÜRS AUTO KOSTET FAST NICHTS

Ihr nutzt euer Smartphone regelmäßig als Navigationsgerät im Auto, habt aber keine Lust auf eine teure Halterung? Dann schnappt euch einfach ein Gummiband. Fädelt es durch einen der Lüftungsschlitze von der Mittelkonsole hindurch und nehmt einen Stift zu Hilfe, um es etwas weiter unten wieder rauszukriegen. Wichtig: Lasst das Band zu keiner Zeit los! Habt ihr nun beide Schlaufen in der Hand, steckt ihr einfach das Handy rein und fertig ist die Halterung für weniger als einen Euro.

114 SO TESTET IHR DEN LADESTAND VON BATTERIEN

Spielt ihr heute noch mit dem Gameboy? Dann stellt ihr euch sicherlich hin und wieder die Frage: Sind die Batterien nun voll oder leer? Um das zu checken, müsst ihr sie einfach auf den Boden fallen lassen. Leere Batterien springen beim Aufprall, volle nicht. Der Grund: In einer vollen Batterie ist die geleeartige Füllung flüssig und daher träge. Die Folge: Die Batterie springt nicht. In einer leeren Batterie ist die Füllung fest, da die Elektrizität bereits entladen wurde und so kommt es zum Sprung.

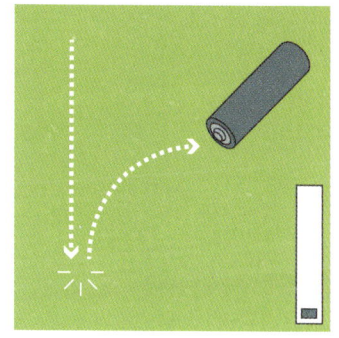

115 SO BAUT IHR AUS EINER KERZE EINE HEIZUNG

Ihr braucht drei Terracotta-Töpfe in verschiedenen Größen, eine Kerze im Glas, zwei Backsteine und eine lange Schraube. Die drei Töpfe müsst ihr zunächst ineinander stecken und zusammenschrauben, sodass die Löcher im Boden der Töpfe verschlossen sind. Dieses Konstrukt alleine speichert richtig viel Wärme. Stellt das Ganze nun auf die Backsteine. Darunter kommt die angezündete Kerze im Glas – und fertig ist der Ofen.

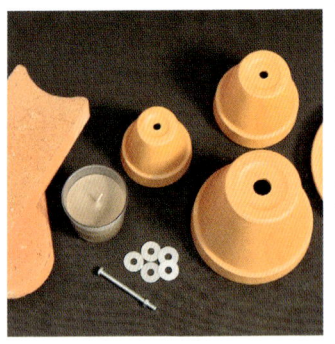
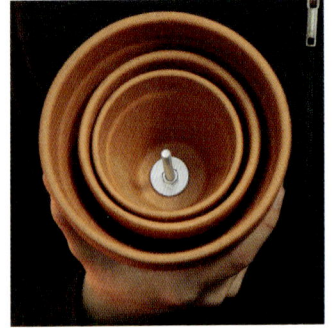

116 SO SCHÜTZT IHR EUER HANDY VOR SCHMUTZIGEN BÖDEN

Nehmt ein Stück Pappe, das groß genug ist, dass man das Handy darin einschlagen kann und oben noch etwas Platz ist. Da kommen nämlich die Löcher zum Aufhängen rein. Einfach auf beiden Seiten ein Rechteck vorzeichnen, ausschneiden und dann ab damit zur Steckdose. Das Handy in die Pappe legen, anstöpseln und den Stecker durch die Löcher in die Dose stecken, sodass das Handy an der Wand hängt.

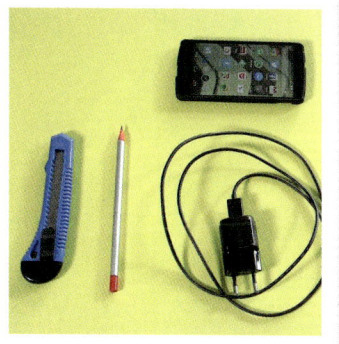

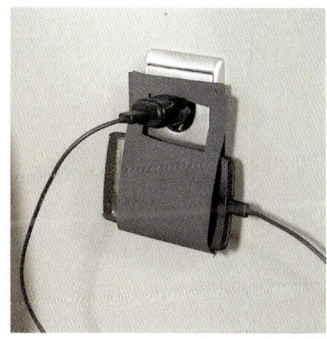

117 NIE WIEDER KABELSALAT MIT KOPFHÖRERN

Einfach mit der einen Hand eine Pommesgabel machen und das Kabel zwischen Daumen und Zeigerfinger nehmen. Zum kleinen Finger herumführen und dann wieder zurück zu Daumen und Zeigefinger. Das Ganze kreuzweise so lange wiederholen, bis nur noch fünf Zentimeter übrig sind. Diese fest um die Mitte schlingen, bis nur noch ein bis zwei Zentimeter übrig sind. Die kommen nun in die Schlaufe, in der der kleine Finger steckt.

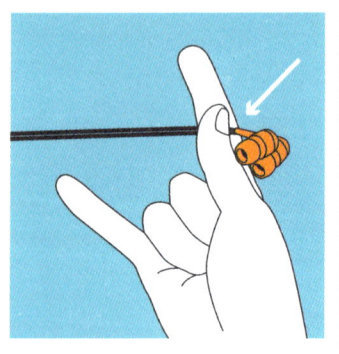
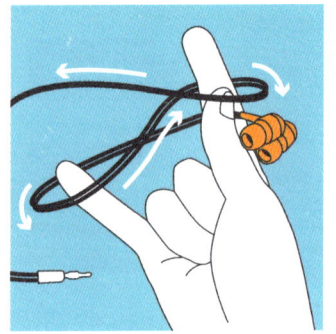

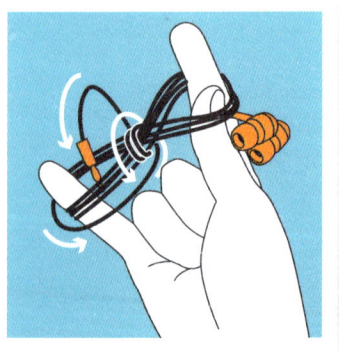
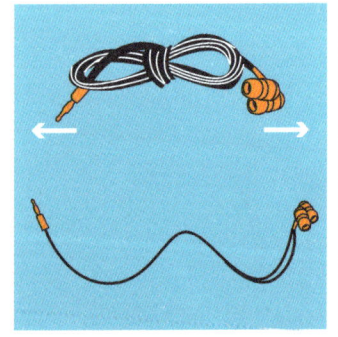

118 SO MACHT IHR AUS EINER BATTERIE EIN FEUERZEUG

Ihr habt alles für ein romantisches Candle-Light-Dinner vorbereitet – aber keine Streichhölzer oder Feuerzeuge im Haus? Dann schnappt euch eine Fernbedienung und einen Kaugummi! Einfach einen Streifen des Kaugummipapiers abschneiden, in der Mitte falten und den Knick spitz anschneiden. Nun die beiden Enden mit der Aluseite an die Pole der Batterie legen – und siehe da, sobald der Strom fließt, fängt die Mitte an zu brennen. Schnell die Kerzen anzünden und dann kann das Date auch schon kommen!

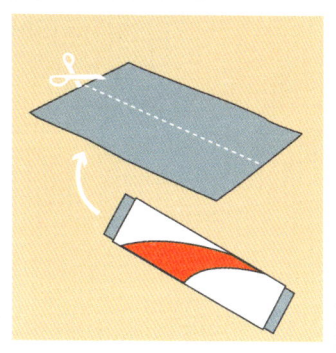
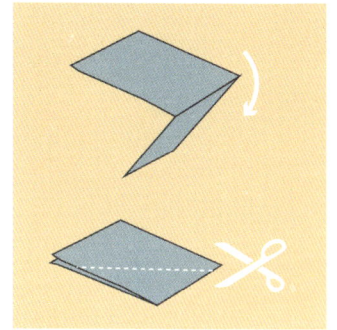
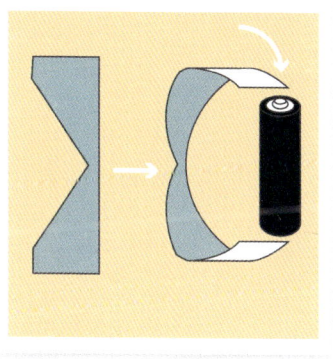

119 SO EINFACH BAUT IHR EUCH LAUTSPRECHER FÜR DAS TABLET

Der Sound eures Tablets lässt ein wenig zu wünschen übrig? Dann pimpt ihn doch einfach mit einem Tennisball. Halbiert diesen und setzt einen zweiten, etwa ein Drittel so langen Schnitt knapp neben der Schnittstelle an. Klemmt den halbierten Tennisball nun dorthin, wo am Tablet die Lautsprecher sind und schon ist der Sound viel präsenter.

120 SO FÜLLT IHR BOHRLÖCHER OHNE SPACHTELMASSE

Ui, beim Renovieren fällt euch auf, dass eure Wände aussehen wie Schweizer Käse? Spachtelmasse ist zwar nicht allzu teuer, aber man hat sie selten im Haus. Wenn es also schnell gehen soll, macht die lästigen Bohrlöcher einfach mit etwas Zahnpasta zu. Die füllt das Loch wunderbar aus, riecht angenehm und ist nach etwa einer Stunde trocken. Wenn nötig, könnt ihr das Ganze dann auch noch mit dem Pinsel übermalen.

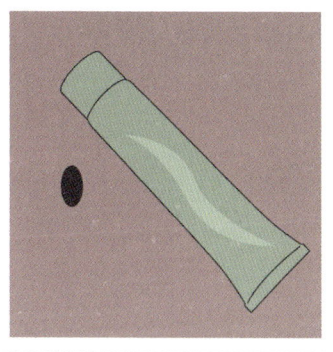

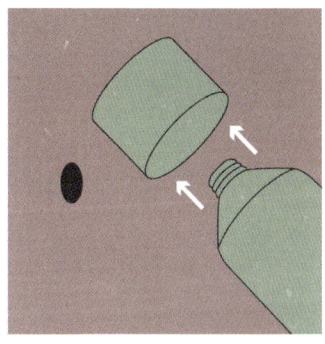

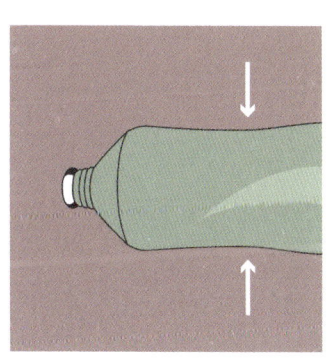

121 MIT DIESEM TRICK VERLIERT IHR KEINE NÄGEL MEHR

Um gleich mehrere Nägel in die Wand zu schlagen, stecken sich viele Leute die Nägel in den Mund. Igitt! Klebt einfach einen Magneten mit etwas Klebeband an den Hammer. So bleiben die Nägel am Hammer haften und fallen nicht mehr herunter. Kleine, aber kräftige Magneten gibt es übrigens im Baumarkt zu kaufen.

122 SO PIMPT IHR EURE HANDYLAUTSPRECHER

The careless whispers of a good friend ... : Wenn ihr euren Lieblingssong nicht laut genug hören könnt, dann stellt euer Handy doch einfach in ein Glas oder legt es in eine Schüssel. So wird der Sound in eine Richtung reflektiert und dadurch viel lauter.

123 SO BAUT IHR EINEN STÄNDER FÜRS SMARTPHONE

In Zeiten von ausgesprochen guten Video-on-Demand-Angeboten sind Smartphoneständer immer wichtiger. Schließlich will man die neue Lieblingsserie auch entspannt anschauen können. Schneidet dafür aus einer alten Scheckkarte zwei Ecken aus, sodass ein großes T entsteht. Der mittlere Balken sollte dabei etwas länger sein als der obere. Knickt den mittleren Balken nun etwa mittig ab, bis beide Seiten im rechten Winkel zueinander stehen. Aufstellen, Handy hineinstellen und fertig.

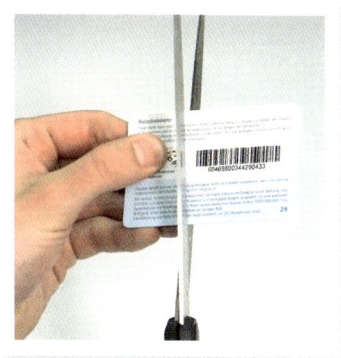
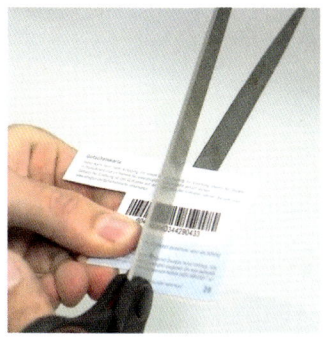

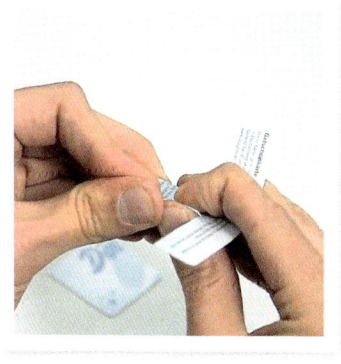

124 SO SCHÜTZT IHR EUREN LAPTOP VORM ÜBERHITZEN

Wenn euer Laptop schnell überhitzt, sollte er dringend von innen gereinigt werden. Für eine kurzfristige Abkühlung sorgt jedoch Kleingeld. Legt einfach etwas Kupfergeld auf das Gehäuse. Der Grund: Die Hitze sammelt sich hauptsächlich beim Übergang von Tastatur zu Monitor. Liegen hier Münzen, entzieht das Kupfer dem Gerät Wärme. Das gilt natürlich nur, so lange das Kupfer kühler als der Rechner ist. Wichtig: Dieser Hack ersetzt auf Dauer keine professionelle Reingung!

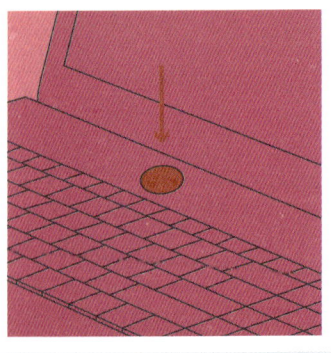

125 SO EINFACH LÖST IHR AUSGEFRANSTE SCHRAUBEN

Oh je, ihr habt eine Schraube so sehr verunstaltet, dass der Schraubenzieher keinen Halt mehr am Schraubkopf findet? Dann geht mal in die Küche. Hier findet ihr vielleicht ein Einweckglas. Schnappt euch das breite Gummiband und legt es über den Schraubkopf. Auf diese Weise hat der Dreher wieder genug Grip, um die Schraube zu lösen. Werft sie danach weg, statt sie noch mal zu verwenden. Das spart euch beim nächsten Mal Zeit und Nerven.

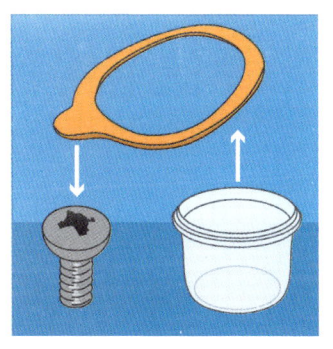
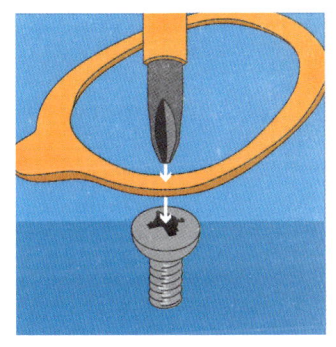

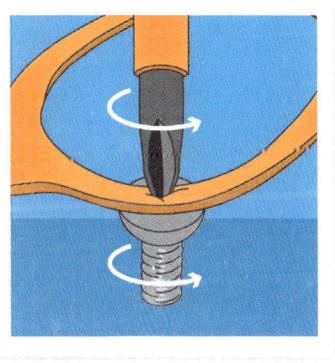
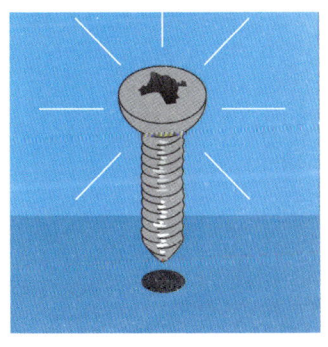

126 BATTERIE ZU KLEIN? SO PIMPT MAN SIE ZU EINER GROSSEN

Achtung: Dieser Life Hack eignet sich nur als Übergangslösung! Bis ihr die passende Batterie gekauft habt, könnt ihr auch eine zu kleine Batterie in das Gerät einsetzen und die entstandene Lücke mit einer Alufolienkugel füllen. Die Alufolie reicht aus, um den nötigen Kontakt herzustellen. Sie sollte allerdings spätestens nach einem Tag von einer passenden Batterie ersetzt werden. Sicherheit geht vor!

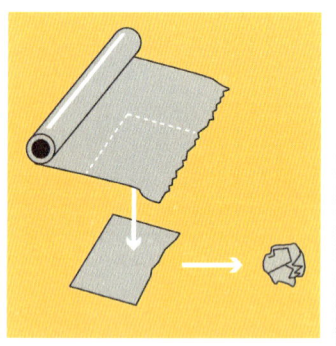

127 SO ENTFERNT IHR VOGELKOT GANZ SCHONEND VOM AUTOLACK

Euer Auto ist voller Vogelkot? Wenn ihr einfach drauflos wischt, kann das dem Lack schaden, denn Vogelkot enthält fiese Säuren. Die Lösung: Weicht den Fleck erst einmal ein, indem ihr Zeitungspapier darüberlegt und Wasser drübergießt. Lasst das Ganze zehn bis 15 Minuten einwirken und fangt dann an, mit einem weichen Lappen zu wischen. Wichtig: Dabei immer wieder mit Wasser nachgießen, damit keine Säurerückstände bleiben.

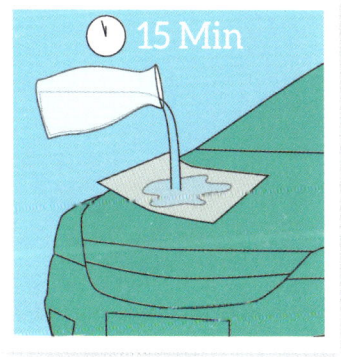
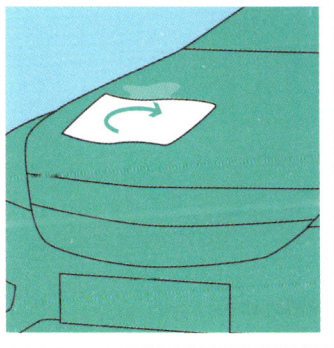

128 SO SCHMIERT IHR DIE FAHRRAD-KETTE OHNE VERÖLTE HÄNDE

Der Frühling steht vor der Tür und euer Fahrrad benötigt eine Rundum-Behandlung? Beim Ketteölen hilft sicherlich dieser Trick: Klebt zwei alte Zahnbürsten mit den Köpfen zueinander gerichtet zusammen. Nun einfach die Kette zwischen die Bürstenköpfe legen, das Öl darüber gießen. Langsam die Pedale mit der Hand drehen und schon wird die Kette von allen Seiten geölt. Gute Fahrt!

129 SO WIRD EUER BOHRLOCH PERFEKT

Ihr müsst ein exakt drei Zentimeter tiefes Loch bohren, habt aber keine Ahnung, wann ihr diese Tiefe erreicht habt? Dann schnappt euch etwas Klebeband. Messt genau drei Zentimeter an der Spitze des Bohrers ab und markiert diese Stelle mit dem Tape. Wenn ihr nun anfangt zu bohren, wisst ihr ganz genau, wann die benötigte Tiefe erreicht ist.

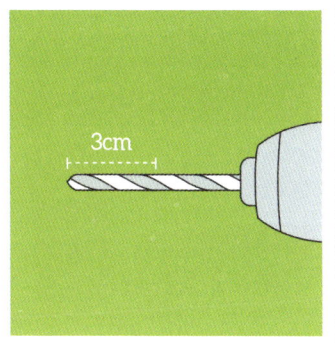

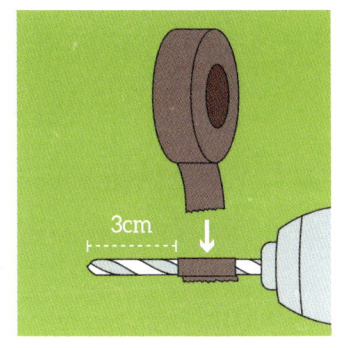

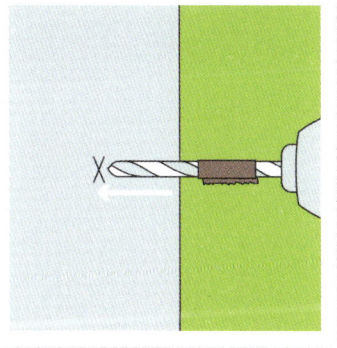

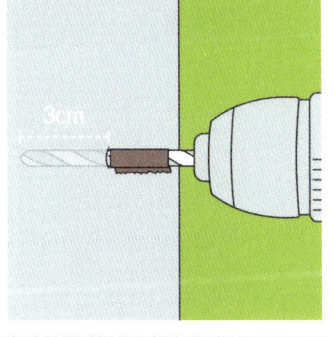

130 SO BAUT IHR EINE KLIMAANLAGE

Ihr braucht: einen Stuhl, einen Eimer voll Wasser, einen Ventilator und ein Handtuch. Das Handtuch zunächst ins Wasser tunken und gut auswringen. Nun hängt ihr es über den Stuhl. Das untere Ende kommt in den Eimer, denn die Saugkraft des Handtuchs sorgt so für Feuchtigkeitsnachschub. Nun noch den Ventilator auf das feuchte Handtuch richten und fertig ist die eigene Klimaanlage. Durch den Wind verdunstet das Wasser im Handtuch, wodurch Verdunstungskälte entsteht, denn: Verdunstung braucht Energie in Form von Wärme und die entzieht sie ihrer Umgebung. Das Ergebnis ist ein angenehm kühler Raum.

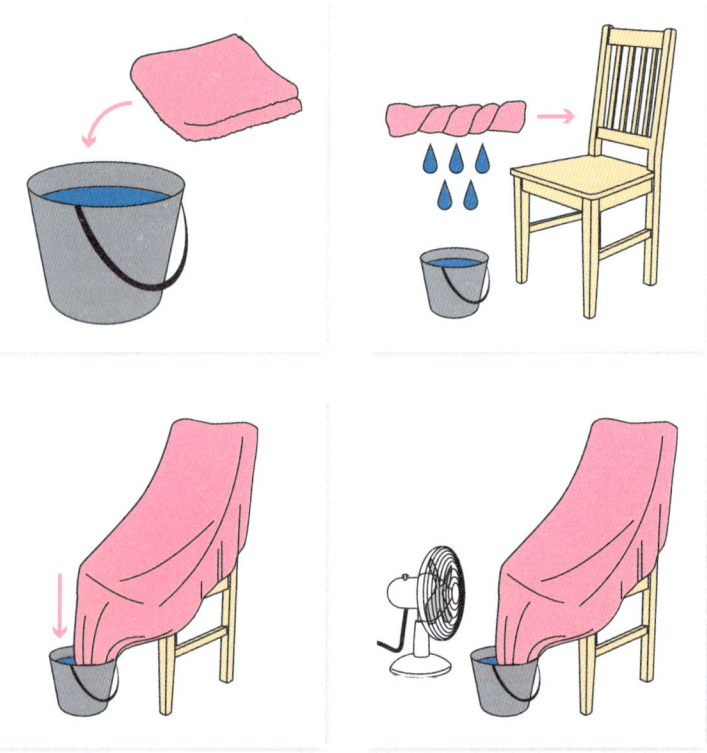

131 SO WERDEN AUS LEGO-FIGUREN PRAKTISCHE KABELTRÄGER

Ihr habt noch alte Lego-Figuren zu Hause? Man kann die kleinen, gelbgesichtigen Spielkameraden zu coolen Helfern umfunktionieren: Befestigt einfach drei Lego-Männchen auf einer Lego-platte und klebt diese an eure Tischkante. Streckt nun jeweils einen Arm der Figuren aus und klemmt eure Kabel in ihre Hände. Die meisten Kabel haben nämlich genau die perfekte Dicke für die kleinen Schaufel-händchen.

132 VERGESST BEI REPARATUREN NIEMALS DEN KLEBESTREIFEN

Ihr liebt es, eure defekten Geräte selbst zu reparieren? Chapeau! Damit ihr beim Zusammensetzen auch alle Einzelteile wiederfindet, hilft es, einen Klebestreifen zu nehmen und ihn mit der Klebeseite nach oben auf die Arbeitsplatte zu legen. Sämtliche Kleinteile legt ihr einfach darauf und ihr müsst euch nie wieder wundern, wohin diese blöde kleine Schraube verschwunden ist …

SURVIVAL &
OUTDOOR

133 DIESER FEUERMACH-TRICK KLAPPT IMMER

Um beim Campen ein Feuer zu entfachen, braucht ihr nur Stahl-
wolle und eine Blockbatterie. Während Streichhölzer und Feuerzeuge z. B. wegen Feuchtigkeit versagen können, sorgen diese zwei
Utensilien immer für Feuer. Einfach die Batterie mit der Stirnsei-
te in die Wolle halten. Die Drähte der Wolle sind so dünn, dass
die Stromstärke der Batterie ausreicht, um einen Kurzschluss zu
verursachen und sie zu entfachen. Etwas Zunder wie Watte oder
trockenes Laub drauflegen und schon brennt das Feuer.

134 MIT DIESEM TRICK WIRD SCHMUTZIGES WASSER WIEDER KLAR

In der Natur gibt es kaum Wasser, das sauber genug ist, um es zu trinken. Für eine grobe Reinigung braucht ihr nur ein Stück Stoff und zwei Behälter. Als Erstes das Tuch ein wenig einrollen. Dann füllt ihr das Wasser in den einen Behälter. Anschließend müsst ihr die beiden Enden des Stoffs in je einen Behälter stecken. Durch die Saugkraft wird nun das Wasser in das leere Gefäß transportiert – und der Dreck bleibt zurück. Vor dem Trinken auf jeden Fall noch mal abkochen, um Bakterien und Keime zu töten!

135 SO KÖNNEN DIE BEE GEES LEBEN RETTEN

Ihr kommt in die missliche Lage, jemanden wiederbeleben zu müssen? Konzentriert euch und summt im Kopf den Song Stayin' Alive von den Bee Gees. Der Rhythmus des Songs von 103 BPM (beats per minute, also Schläge pro Minute) passt ideal zur Kompression bei der Herzdruckmassage. Leben gerettet? Perfekt! Stayin' Alive halt.

136 SO VERSCHLIESST IHR IN DER WILDNIS WUNDEN

Ihr seid mitten im Abenteuerurlaub und schneidet euch an einem blöden Ast im Dschungel? Dann verschließt die Wunde einfach mit dem, was die Natur euch anbietet. Am besten machen sich hier Spinnweben. So bleibt die Wunde sauber. Außerdem haben Spinnweben eine heilende Wirkung. Und die Spinne hat ihr neues Zuhause ganz schnell wieder aufgebaut. Manche Spinnenarten brauchen nicht einmal eine Stunde dafür.

137 HIER VERMUTEN DIEBE DEIN SMARTPHONE NIE

Ein Handy, ein Schlüssel, ein bisschen Geld. Das will man ungern am Strand liegen lassen, während man im Wasser ist. Was also tun? Am besten erst einmal eincremen! Denn für das perfekte Versteck braucht ihr eine leere Flasche Sonnencreme. Schneidet einfach einen Schlitz in die Seite der gereinigten Flasche, der groß genug ist für die Wertsachen. Dann kommt das Hab und Gut hinein und fertig ist ein Versteck, für das sich kein Dieb interessiert.

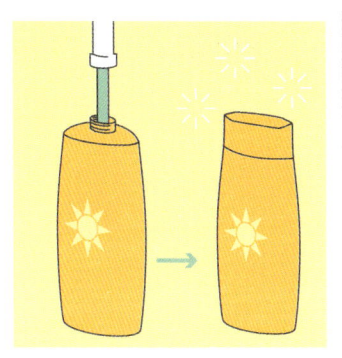

138 DESHALB GEHÖRT KAFFEESATZ NICHT IN DEN MÜLL

Ohne Kaffee kann euer Tag nicht starten? Gerade wer regelmäßig frisch gebrühten Kaffee konsumiert, sollte den Kaffeesatz nicht einfach wegwerfen. Er eignet sich hervorragend als Dünger im Garten. Dort sorgt er nicht nur dafür, dass eure Blumen prächtig blühen, sondern er hält auch Kleintiere davon ab, in eurem Garten herumzukriechen und die Blüten anzuknabbern.

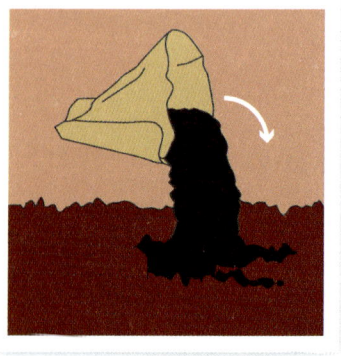

139 SO SOLLTET IHR EINE RETTUNGSFOLIE NUTZEN

Solltet ihr einmal nach einer Ausnahmesituation unterkühlt sein, versucht euch nicht alleine mit einer Rettungsfolie zu wärmen. Damit verhindert ihr nämlich, dass Warme von außen an euren Körper gelangt. Sorgt lieber dafür, dass sich ein Helfer mit euch zusammen in die Folie wickelt. So nehmt ihr seine Wärme auf. Am besten ist es aber, wenn ihr eine Wärmflasche oder etwas Ähnliches mit unter die Decke nehmt.

140 SO VERMEIDET IHR INFEKTIONEN IM ABENTEUERURLAUB

Wenn ihr in Gegenden unterwegs seid, die nicht gerade in der Nähe eines Krankenhauses oder einer anderen ärztlichen Versorgung liegen, sorgt dafür, dass eure Haut feucht bleibt. Das klingt simpel, es ist aber essenziell, wenn ihr einen Trip in die Wildnis unternehmt. Trockene Haut wird schnell brüchig und reißt, was den Weg für Keime und Bakterien erst frei macht. Wichtig: Verwendet Feuchtigkeitscreme. Hin und wieder die Füße in einen Teich zu halten, macht die Haut nur trockener und damit anfälliger.

141 SO BASTELT IHR EINE RICHTIG HELLE LAMPE

Ihr habt beim Zelten nur eine kleine Taschen- oder Stirnlampe dabei und könnt eure eigene Hand vor Augen kaum sehen? Dann haltet die Lampe doch einfach an eine leere Plastikflasche, am besten eine aus milchigem, weißem Kunststoff. So erstrahlt der komplette Flaschenkörper in einem hellen Licht und zeigt euch den Weg.

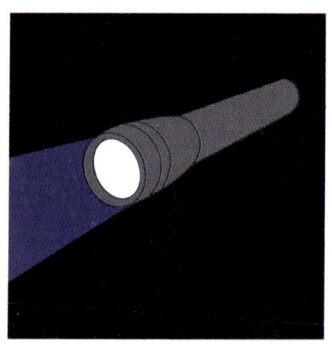
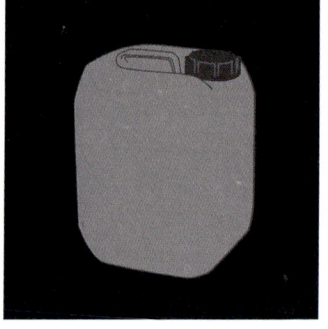
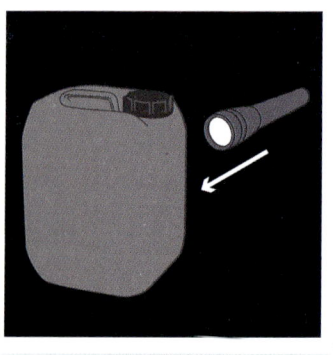

142 SO VERTEIDIGT IHR DIE ARMLEHNE IM FLUGZEUG

Auf einem langen Flug ist Bequemlichkeit essenziell. Damit ihr auch die Oberhand über die Armlehne behaltet, gibt es einen nicht ganz fairen, aber effektiven Trick: Hustet einmal kräftig in eure Armbeuge und schon tragt ihr den Sieg um die Armlehne davon. Das gibt zwar Minuspunkte für das Karma-Konto, aber von nichts kommt nichts. Schon gar nicht in einer Sardinenbüchse.

143 SO BAUT IHR EUCH EINEN KOMPASS

Ihr habt euch im Wald verlaufen und keine Ahnung, wo ihr seid? Dann solltet ihr auf jeden Fall eine Nadel dabei haben, denn die könnte euer Leben retten. Einfach die Nadel kurz an der Jacke oder an der Hose reiben und damit statisch aufladen. Nun auf ein Blatt legen. Am besten nehmt ihr hier ein trockenes Blatt, denn das ist leichter als ein frisches. Das Ganze nun in eine Pfütze legen. Kurz warten und schon zeigt die Spitze der Nadel nach Norden. Hoffentlich reicht das, damit ihr wieder zurückfindet! Seid ihr in Sachen Survival Trip noch unerfahren, ist ein GPS-Tracker jedoch unabdingbar.

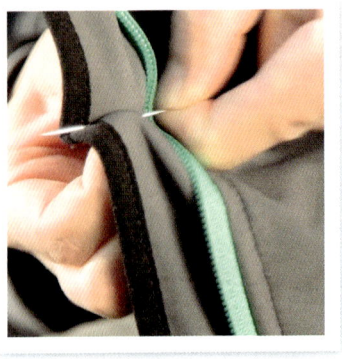

144 SO WERDET IHR MÜCKEN LOS

Mücken sind die wohl lästigsten kleinen Tierchen, die bei uns herumfliegen. Ihre Stiche jucken und das Herumsummen hindert uns am Schlafen. Man wird sie aber ganz schnell los, indem man etwas Kaffeepulver in eine Schüssel gibt und es ankokelt. Dafür eignet sich am besten ein Küchen-Brenner. Beim Anzünden entsteht ein Qualm, der für uns ganz angenehm riecht, für Mücken jedoch ganz furchtbar ist. Schon bleibt ihr von fiesen Stichen verschont.

145 SO SCHÜTZT IHR EURE VERPFLEGUNG BEIM SURVIVAL-TRIP

Ihr seid im langen und harten Abenteuerurlaub und alles, was es auf dem Trip in der Wildnis gibt, sind Reis und Hülsenfrüchte? Dabei ist die richtige Aufbewahrung überlebenswichtig! Lagert euern Proviant in alten, trockenen Plastikflaschen und nicht in der Originalverpackung. Diese Tüten reißen leicht und ihr droht, eure Verpflegung zu verlieren. Außerdem schützen die Flaschen gut gegen Feuchtigkeit.

146 PLATTER AUTOREIFEN? SO GEHT DIE FAHRT WEITER!

Auf eurem Survivaltrip quer durch die abgeschiedene Natur platzt euch ein Autoreifen und ihr habt keinen Ersatz dabei? So schafft ihr es noch bis zum nächsten Haus: Schneidet ein kleines Loch in die Seite des Reifens und füllt ihn mit Gras und Erde. Versucht anschließend das Loch mit einem Stück Plastik zu verschließen. So kommt ihr schneller voran. Ihr könnt das Loch auch offen lassen, müsst dann aber immer wieder nachfüllen.

147 SO KOMMT IHR AUCH OHNE DOSENÖFFNER AN DEN THUNFISCH

Na, toll. Ihr habt einen Mordshunger, aber leider kein Werkzeug, um die Konservendose mit dem leckeren Thunfisch zu öffnen? Wetten, dass ihr doch etwas in der Nähe habt! Reibt das obere Ende der Dose einfach eine Weile an eine Zementfläche. So werden die Ränder abgeschliffen. Drückt nun mit den Fingern leicht auf den Deckel und schon kommt ihr an den leckeren Inhalt. Mahlzeit!

148 MIT DIESEM TRICK WERDET IHR HUNGRIGE KROKODILE LOS

Auf Abenteuersafari in tropischen Gefilden – und prompt werdet ihr von einem hungrigen Krokodil verfolgt. Wenn ihr jetzt denkt, der sichere Tod steht euch bevor, dann solltet ihr wissen, dass Krokodile zwar schnell, aber nicht besonders wendig sind. Wenn ihr beim Wegrennen also enge Haken schlagt, kommt das Reptil nicht hinterher. Denn schnelle Richtungswechsel sind nicht die Stärke eines Krokodils.

149 DAMIT WERDET IHR SPINNEN LOS

Arachnophobiker aufgepasst! Wenn ihr bei jeder Konfrontation mit einem Achtbeiner fast bewusstlos werdet, müsst ihr nur eines wissen: Spinnen hassen den Geruch von Pfefferminz. Wenn ihr also eure Wohnung oder den Keller regelmäßig mit Pfefferminzöl einsprüht, vertreibt das die kleinen Biester, während man selbst immer eine freie Nase hat.

150 SO BEHANDELT IHR EINEN BIENENSTICH RICHTIG

Aua! Ihr liegt am Badesee und ausgerechnet jetzt sticht euch eine Biene? Da wusste schon die Oma: Bringt eine aufgeschnittene Zwiebel mit ans Wasser. Denn die hilft beim Abschwellen des Stiches und sorgt damit für weniger Schmerzen und Entzündungen. Solltet ihr allerdings gegen Bienenstiche allergisch sein, geht bitte direkt zum Arzt.

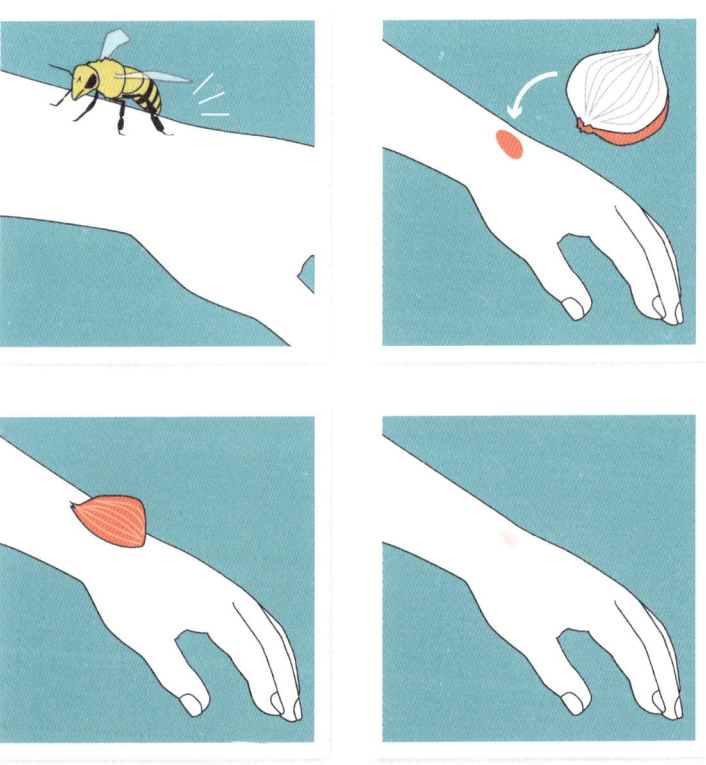

151 DIE PERFEKTE NOTFALLKERZE

Der Strom ist ausgefallen und ihr habt keine Kerzen mehr im
Haus? Dann geht mal ins Kinderzimmer. Vielleicht findet ihr dort
ja Wachsmalstifte. Vorsichtig anzünden und senkrecht auf einen
Teller stellen. Ein Stift brennt etwa 30 Minuten.

SPORT

152 SO NEHMT IHR DIE TRINKFLASCHE OHNE RUCKSACK MIT

Wer viel Sport macht, sollte auch viel trinken. Doch gerade beim Joggen stellt sich die Frage: Wohin mit der Trinkflasche? Eine gute Alternative zum Rucksack bietet da eine Socke. Die Flasche in sie hineinstecken und die verbleibende Socke über den Handrücken stülpen. Damit sitzt die Flasche fest in der Hand – und das Ganze ist auch noch praktisch, um sich den Schweiß von der Stirn zu wischen.

153 NIE WIEDER NACKENSCHMERZEN BEIM TRAINING

Ihr arbeitet hartnäckig am Waschbrettbauch, aber beim Bauch-muskeltraining zwickt es immer wieder im Nacken? Diese Schmerzen lassen sich auch ohne Medikamente behandeln: Wenn ihr während des Trainings eure Zungen gegen den Gaumen drückt, verhindert ihr die lästigen Nackenschmerzen.

154 SO ENTFERNT IHR SCHWEISSGERUCH AUS GEWASCHENEN TRIKOTS

Nach dem x-ten Tragen des Sporttrikots hilft die beste Wasch-maschine nichts mehr, denn die Bakterien, die für den Gestank verantwortlich sind, sterben erst bei etwa 60 Grad ab, während man Trikots nur bis 40 Grad waschen darf. Was also tun? Die Lösung ist eiskalt: Legt das Trikot über Nacht einfach ins Ge-frierfach. So sterben die Bakterien auch ab und das Trikot riecht wieder angenehm frisch. Aus Hygienegründen solltet ihr das Trikot allerdings vorher in einen Plastikbeutel geben.

155 DAMIT KRIEGT IHR DIE DRECKIGSTEN FUSSBALLSCHUHE WIEDER SAUBER

Eure Fußballschuhe sehen aus, als bestünden sie nur aus Dreck? Klopft sie gut aus und geht damit ins Badezimmer. Die dreckigen Schlappen lassen sich am besten mit einer elektrischen Zahnbürste reinigen. Die Bewegungen der Bürste sorgen dafür, dass auch die letzten Matsch- und Sandreste entfernt werden. Den Bürstenkopf danach aber bitte wegwerfen!

156 NIE WIEDER WUNDE OBERSCHENKEL

Autsch! Ihr kommt gerade vom Joggen und nun sind die Innenseiten eurer Oberschenkel wund gerieben? Um das zu verhindern, reibt sie einfach mit etwas Deodorant ein. Wichtig: Auch wenn euch das Laufen noch so viel Spaß macht, wenn die Oberschenkel wund gerieben sind, legt für ein paar Tage eine Pause ein und gebt eurer Haut die Chance, sich zu erholen.

157 DER PERFEKTE ORT FÜR DEN HAUSTÜRSCHLÜSSEL

Fragt ihr euch vor dem Laufen auch immer: Wohin mit dem Schlüssel beim Joggen? Hierhin: Nehmt einfach einen Schnürsenkel aus der oberen Öse. Fädelt nun die Schlüssel daran auf und zieht den Senkel wieder durch das Loch. Den Schuh ganz normal binden und schon könnt ihr den Schlüssel nicht mehr verlieren. Um das Herumspringen des Schlüssels beim Laufen zu vermeiden, klemmt die Schlüsselspitze unter die restlichen Schnürsenkel. Dann klimpert auch nichts mehr.

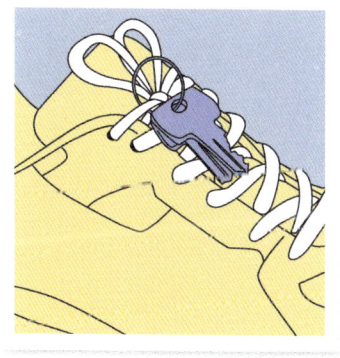
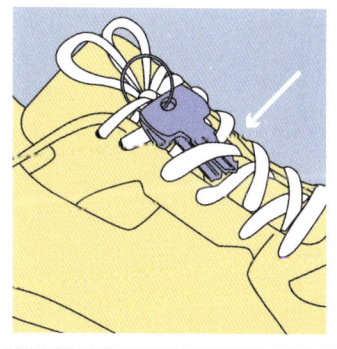

158 LUFT RAUS? SO RETTET IHR EINEN KAPUTTEN FUSSBALL

Ihr kickt für euer Leben gern, doch aus eurem Fußball geht ständig Luft raus? Dann schnappt euch mal eine Spritze und ein Ei. Klingt komisch, aber wenn ihr etwas Eiweiß in den Ball spritzt, werden kleine poröse Löcher geschlossen und der prallrunde Ball kann wieder ins Eckige gekickt werden. Eine Spritze bekommt ihr übrigens in der Apotheke. Geht aber immer vorsichtig damit um, im Selbstversuch habe ich mir die Kanüle prompt in den Finger gejagt.

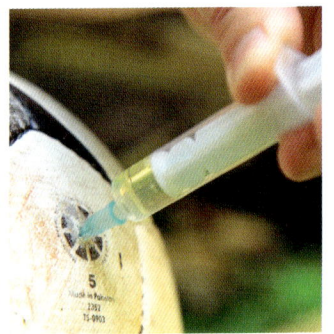

159 DIESE FARBE HILFT EUCH BEIM SIEGEN

Die Wissenschaft bringt so manch Kurioses hervor. Eines davon: Rot bedeutet Dominanz. Wenn ihr also beim Sport rote Kleidung tragt, schüchtert das den Gegner unbewusst ein und eure Siegchancen erhöhen sich noch vor Anpfiff.

160 SO HALTET IHR EURE KONZENTRATION HOCH

Ihr steht gerade auf dem Sportplatz und es geht um alles? Dann sorgt dafür, dass die Konzentration oben bleibt, und zwar indem ihr einen Kaugummi kaut. Es ist wissenschaftlich belegt, dass Kaugummi kauen das Denkvermögen erhöht. Am besten nehmt ihr einen mit Zucker, denn den braucht euer Körper während des Sports.

161 SO BEHANDELT IHR FUSSPILZ ZU HAUSE

Fußpilz ist bei Läufern keine Seltenheit. Reden wir also nicht viel drüber: Nehmt zweimal täglich ein Fußbad in einer 50:50-Mischung aus Essig und Wasser.

162 EINE PRAKTISCHE „MUSIKTASCHE" FÜRS LAUFEN

Mit Musik im Ohr läuft es sich leichter. Aber immer den iPod oder das Smartphone in der Hand zu halten, ist auf Dauer nervig. Greift daher mal in die Sockenkiste. Legt die Socke doppelt, und zwar so, dass der obere Teil der Größe des Smartphones entspricht. Die Spitze des Strumpfs dann einfach abschneiden. Greift durch die Socke durch und zieht das Endstück nach oben. In der Tasche kann das Handy nun geschützt liegen. Reinstecken und los geht's.

163 SO RUTSCHT IHR BEIM HALLENSPORT NIE WIEDER WEG

Profi-Sportler kennen diesen Kniff sicherlich schon. Wer sich beim Hallensport mehr Grip an seinen Schuhen wünscht, sollte zunächst ins Badezimmer gehen. Schnappt euch eine Dose Haarspray und sprüht die Sohle ausgiebig damit ein. Niemand wird euch jetzt noch weggrätschen können!

164 PLATTER REIFEN? SO GEHT'S AUCH OHNE FLICKZEUG WEITER

Es gibt nichts Nervigeres als einen Platten am Fahrrad. Wenn nun auch noch Flickzeug fehlt, schnappt euch einfach eine Schere. Zerschneidet den Schlauch genau dort, wo das Loch ist. Die beiden offenen Enden nun gut zuknoten und dann das Rad wieder zusammenbauen. Die Fahrt wird zwar etwas holprig, aber so schafft ihr es noch nach Hause oder bis zur nächsten Fahrradstation.

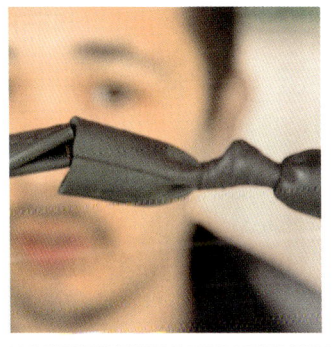

165 NIE WIEDER VERGESSEN, WIE ALT EURE LAUFSCHUHE SIND

Damit ihr beim Joggen auch immer maximal unterstützende Schuhe tragt, solltet ihr alle sechs Monate ein neues Paar kaufen – sofern ihr regelmäßig joggt. Aber was tun, wenn ihr euch nicht erinnern könnt, wie alt eure Schuhe sind? Schreibt das Kaufdatum einfach auf die Sohle. Am besten auf eine Stelle, die keinen direkten Kontakt zum Boden hat, denn sonst ist es nach den ersten Laufkilometern verschwunden.

166 IM SCHLAF EINFACH ABNEHMEN

Der Sommer steht vor der Tür, aber ihr habt noch nicht eure Strandfigur erreicht? Macht es euch doch einfach und startet euer Workout kurz vor dem Schlafengehen. Auf diese Weise bleiben eure Muskeln länger aktiv und verbrennen im Schlaf mehr Kalorien. Um den Körper morgens wieder schneller auf Zack zu bringen, solltet ihr direkt nach dem Aufwachen ein Glas Wasser trinken. Das kurbelt eure Verbrennungsmaschine so richtig an.

167 SO WIRD DIE STINKIGE SPORTTASCHE WIEDER VORZEIGBAR

Uiuiui! Eure Sporttasche hat auch schon bessere Tage erlebt, zumindest wenn man dem Geruch nach geht? Ändert das, indem ihr trockene Teebeutel hineinlegt. Einfach über Nacht in der Tasche liegen lassen und schon riecht sie am nächsten Morgen nicht mehr miefig.

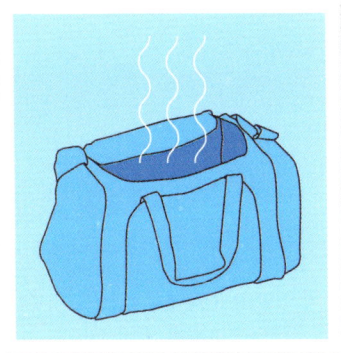
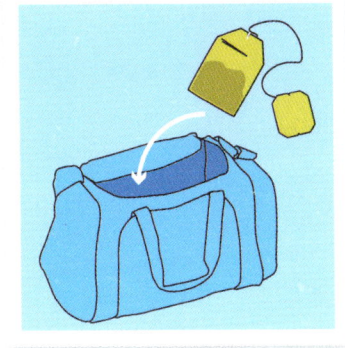

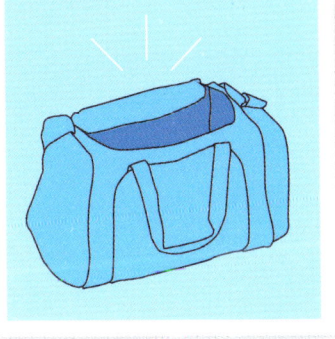

168 SO WERDET IHR BLASEN AN HÄNDEN UND FÜSSEN SCHNELL LOS

Blasen an Händen und Füßen sind zwar ein beeindruckendes Zeugnis eures sportlichen Einsatzes, aber trotzdem tun sie weh und wirklich haben will sie auch keiner. Um sie schneller loszuwerden, versucht einmal das: Behandelt die betroffenen Stellen mit Gewürzgurkenwasser. Klingt komisch, hilft aber wirklich. Der Essig desinfiziert die Haut, während die Nährstoffe bei der Heilung unterstützen.

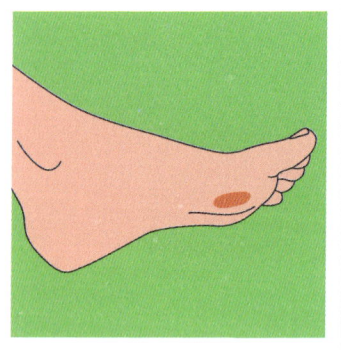

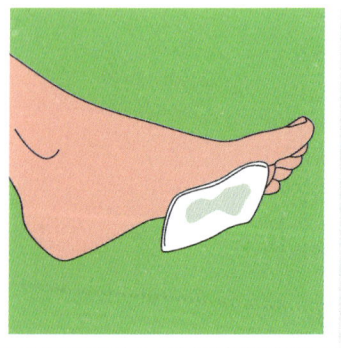
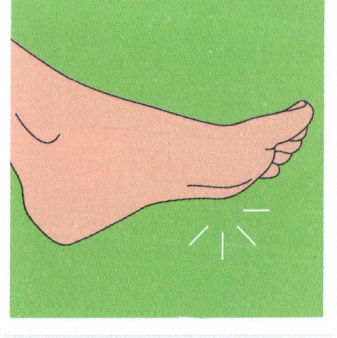

169 NIE WIEDER NERVIGE KOPFSCHMERZEN

Nach dem Sport brummt euch der Schädel? Dann habt ihr möglicherweise einen Nährstoffmangel. Trinkt während des Trainings einfach isotonische Sportdrinks. Die sorgen mit ihren Elektrolyten dafür, dass ihr nach dem Workout keine Kopfschmerzen bekommt. Kleiner Tipp: Diese Drinks helfen auch wunderbar, wenn ihr nach einer durchzechten Nacht einen Kater habt.

170 SO WIRD EUER FUSSBALL WIEDER RICHTIG SAUBER

Im Regen zu kicken, macht euch so richtig Spaß? Wenn euer Fußball danach aussieht wie ein riesiger Matschklumpen, dann werft ihn einfach in die Waschmaschine. Kurz durchspülen lassen und auf den Schleudergang verzichten. Wer hätte gedacht, dass das runde Leder tatsächlich mal so weiß war?

171 ULTIMATIVER SCHNÜR-TRICK: NIE WIEDER BLASEN LAUFEN

Um beim Joggen Blasen zu verhindern, sind die zwei obersten Ösen an den Laufschuhen wichtig. Fädelt eure Schnürsenkel von außen nach innen durch die oberste Öse, sodass auf beiden Seiten des Schuhs eine Schlaufe entsteht. Nehmt nun die beiden Senkel über Kreuz und zieht sie durch die gegenüberliegende Schlaufe. Jetzt stramm nach unten ziehen und die Schuhe ganz normal binden. Damit sitzen die Laufschuhe besser und der Fuß hat im Schuh einen festeren Halt. Blasen ade!

172 SO GRUSELT IHR EUCH ZUM LAUFREKORD

Ihr habt Motivationsprobleme, was das Joggen angeht? Ladet euch einfach eine Horrorgeschichte auf euer Smartphone. Wenn ihr die beim Laufen anhört, wollt ihr garantiert wieder schnell nach Hause und schafft die Strecke in Rekordzeit. Kleiner Tipp: Es gibt Geschichten, die explizit fürs Joggen geschrieben wurden. Googelt danach und lasst euch von Zombies jagen!

173 DAS SOLLTET IHR WÄHREND EINER FUSSBALL-WM TUN

Ihr interessiert euch überhaupt nicht für eine Fußball-Weltmeisterschaft? Ok, das ist komisch, aber gut. Nutzt die Zeit während großer Sportevents, um bei eBay mitzubieten. Wenn Deutschland gerade die Brasilianer vom Platz fegt, habt ihr bei den Auktionen am wenigsten Konkurrenz. Das gilt übrigens auch für die Kasse im Supermarkt. Selten ist dort so wenig los wie während eines WM-Spiels.

174 ROST VOM FAHRRAD ENTFERNEN? AB ZUM KÜHLSCHRANK!

Euer Fahrrad sieht nicht mehr ganz neu aus und hat einige Rost-stellen? Dann schnappt euch etwas Alufolie und eine Cola. Zer-knüllt ein Stück Alufolie, gießt etwas Cola über die rostigen Stellen und reibt mit der Alukugel darüber. Die Phosphorsäure in der Cola sorgt dafür, dass der Rost sich schnell löst. Außerdem wirkt sie zu-dem als Rostschutz. Dennoch gilt grundsätzlich: Fahrräder haben in feuchten, kalten Kellern nichts verloren. Auch der Hinterhof ist durch die Witterungsbedingungen kein guter Ort für den Drahtesel.

175 SO RIECHEN EURE MIEFIGEN LAUFSCHUHE WIEDER GUT

Igitt! Ihr kommt gerade vom Joggen und sobald ihr eure Schuhe auszieht, fallt ihr fast um? Den unangenehmen Geruch bekommt ihr ganz leicht weg, indem ihr die Schuhe einfach über Nacht in das Gefrierfach gebt. So sterben sämtliche Bakterien, die für den Geruch verantwortlich sind, einfach ab.

BEAUTY & LIFESTYLE

176 MIT DIESEM TRICK ÜBERSTEHT DER LIPPENSTIFT JEDE PARTY

Rote Lippen soll man küssen! Das wusste schon Cliff Richard. Damit der Lippenstift das aber übersteht, müsst ihr als Erstes die Lippen mit einem farblich passenden Lipliner umranden und dann die gesamte Lippenfläche damit ausmalen. Tragt als Nächstes den Lippenstift auf, legt ein Kosmetiktuch über die Lippen und pudert durch das Tuch durch. Der Puder fixiert die Farbe und macht den Lippenstift haltbarer. So kann die Party starten!

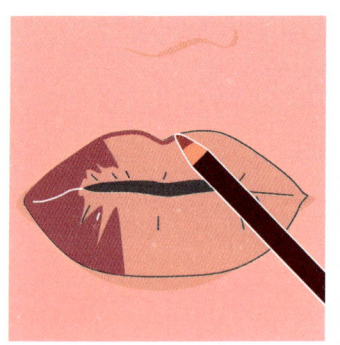
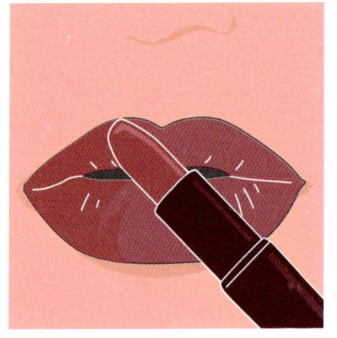

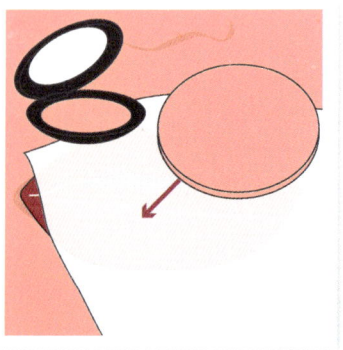

177 SO HÄLT EUCH DAS ZWIEBELPRINZIP WARM

Um nicht zu frieren, sollte man mindestens drei Schichten tragen. Wichtig dabei sind Material und Reihenfolge der Kleidung. Die erste Schicht sollte ein Synthetik-Baumwoll-Gemisch sein. Das saugt Schweiß auf und transportiert ihn nach außen. Als Zweites kommt ein Fleece- oder Wollprodukt, denn das wärmt am besten. Die letzte Schicht sollte vor Regen, Wind und Schnee schützen. Greift daher zur Outdoorjacke. Zum Schluss nicht die Mütze vergessen, denn über den Kopf verliert der Körper bis zu 50 Prozent der eigenen Wärme.

178 NIE WIEDER SCHWITZIGE FÜSSE IN DEN SCHUHEN

Keiner will es zugeben, aber jeder hatte schon mal mit ihnen zu kämpfen: Schweißfüße. Um sie zu verhindern, streut einfach etwas Babypuder in den Schuh. Gut verteilen und das restliche Pulver wieder herausklopfen. Der Babypuder nimmt überschüssigen Fußschweiß auf und der Schuh fühlt sich gleich viel angenehmer an.

179 SO VERMEIDET IHR VERFÄRBUNGEN DURCH MODESCHMUCK

Euer Lieblingsring hinterlässt unschöne blaue Ränder? Dann rennt damit nicht gleich nach Mordor und werft ihn in einen Vulkan, sondern bestreicht ihn einfach an der Innenseite mit etwas durchsichtigem Nagellack. Modeschmuck besteht aus kupferhaltigem Material und das reagiert mit Feuchtigkeit und Luft. Das Ergebnis sind bläuliche Flecken. Durch den Lack wird der Ring davor geschützt. Da hat Sauron aber noch mal Glück gehabt ...

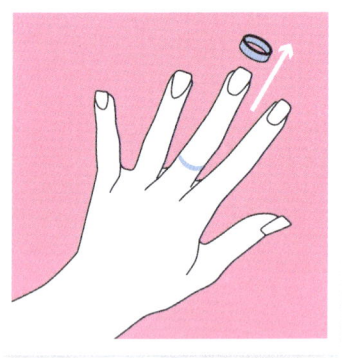

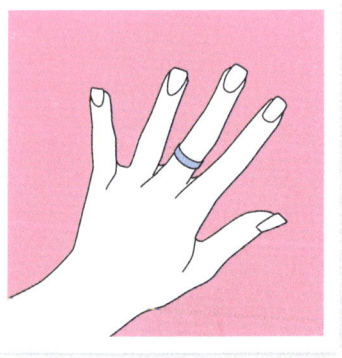
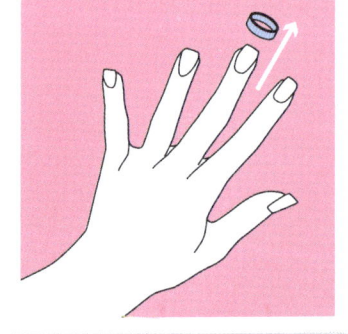

180 SO KOMMT DAS KAUGUMMI AUS DEN HAAREN

Euer Kind kommt mit Kaugummi im Haar nach Hause? Greift bloß nicht gleich zur Schere, sondern zur Cola-Flasche. Legt die betroffene Strähne für ein paar Minuten in die braune Brause. Die sorgt dafür, dass sich das Kaugummi vom Haar löst und schon könnt ihr das Kaugummi einfach herauskämmen.

181 SO DUFTET EUER PARFUM LÄNGER

Ihr habt einen langen Tag vor euch und wollt immer gut riechen? Mit diesem Trick duftet euer Parfum den ganzen Tag lang. Cremt die Stellen, die ihr mit Parfum einsprüht, mit einer duftlosen Creme ein. So ziehen die Duftstoffe nicht so schnell in die Haut und der Parfumduft hält deutlich länger an.

182 SO WERDET IHR MAKE-UP-FLECKEN LOS

Ups! Einmal nicht aufgepasst und schon habt ihr Make-up-Flecken auf den Klamotten? Hoffentlich habt ihr dann Rasierschaum im Haus! Tragt einfach etwas davon auf den Fleck auf – und schon habt ihr Glück gehabt und das Outfit muss nicht sofort in die Wäsche. Nur 15 Minuten einwirken lassen und mit einem feuchten Tuch herausreiben.

183 SO WERDET IHR GOLDIG

Ihr wollt eurer Haut einen ganz besonderen Look verpassen, ohne gleich wie ein Clown auszusehen? Dann mischt euren Highlighter mit etwas Bodylotion. So bekommt ihr einen zarten Goldschimmer. Am besten passt dieser zu leicht gebräunter Haut.

184 PASST DIE NEUE HOSE? LEGT SIE EUCH UM DEN HALS!

Ob euch eine neue Hose passt oder nicht, könnt ihr ganz einfach herausfinden, indem ihr den Bund um euren Hals wickelt. Fasst die Hose an den Seiten und prüft, ob sie um den Hals geht. Passt der Hosenbund nicht ganz herum, ist die Hose zu klein. Steht er etwas über, ist die Hose wahrscheinlich zu groß. Passt er perfekt, habt ihr eure Hose gefunden.

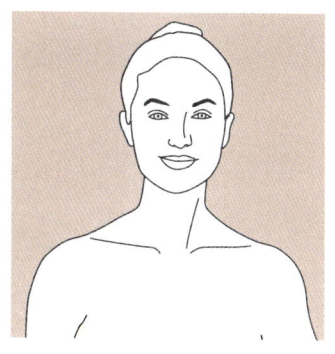
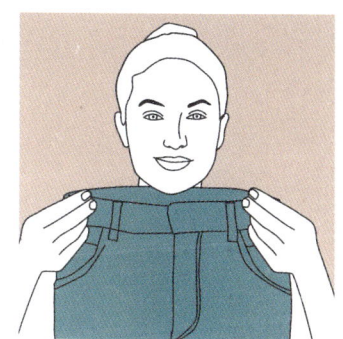
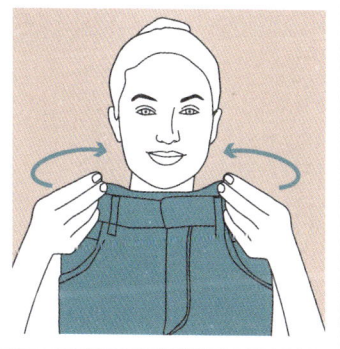
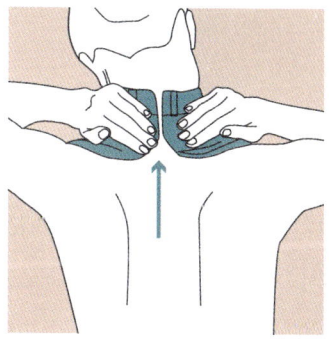

185 RASIERSCHAUM ALLE? KEIN PROBLEM

Das Bewerbungsgespräch steht an und der Drei-Tage-Bart muss weg, aber der Rasierschaum ist alle? Bevor ihr nun panisch in Unterhose zum Drogeriemarkt eures Vertrauens rennt, greift einfach zur Haarspülung. Die tut es auch bestens und riecht möglicherweise sogar noch besser. Selbst Duschgel eignet sich als Rasierschaumersatz. Seid hier aber nicht allzu hastig mit der Klinge, sonst sind Schnittwunden vorprogrammiert.

186 DIE CLEVERE TROCKEN-SHAMPOO-ALTERNATIVE

Um unterwegs überschüssigen Talg und Fett aus den Haaren zu entfernen, müsst ihr nicht unbedingt zum Trockenshampoo greifen. Versucht folgenden Hack: Bei blonden Haaren reicht günstige Maisstärke aus dem Supermarkt. Bei brünetten Haaren gebt ihr einfach noch ein wenig pures Kakaopulver hinzu.

187 SO WIRD EUER SPIEGEL NIE WIEDER BESCHLAGEN

Nach dem Duschen könnt ihr nichts mehr im Spiegel erkennen? Dann duscht doch einfach bei kaltem Wasser. Das stärkt das Immunsystem und macht euch fitter für den Tag. Das stimmt zwar wirklich, aber okay, wer duscht schon gerne kalt? Es gibt noch eine andere Lösung: Schmiert den Spiegel einfach mal mit Rasierschaum ein. Danach gut abwischen und schon beschlägt euer Spiegel bei der nächsten Dusche nicht mehr.

188 SO GELINGT DAS PERFEKTE MAKE-UP FÜR HALLOWEEN

Ihr braucht weiße und schwarze Farbe, transparenten Puder, Schwämme sowie zwei kleine und einen großen Pinsel. Und so geht's:

1. Das Gesicht vollständig kräftig abpudern.

2. Mit dem kleinen Pinsel und schwarzer Farbe Umrisse um die Augen, auf die Nase und die Wangen malen. Dabei die Augenhöhlen unter den Augenbrauen schräg aufmalen.

3. Mit einem Schwamm und weißer Farbe alle freien Flächen gut deckend ausfüllen.

4. Jetzt mit dem großen Pinsel die vorher eingezeichneten Umrisse schwarz ausmalen. Dabei für die Augenhöhlen zwei Schichten verwenden.

5. Das Gesicht mit schwarzer Farbe umranden und einen Schädel modellieren, indem Graustufen zur Gesichtsmitte hin verlaufen.

6. Mit dem kleinen Pinsel Striche entlang der Lippe malen. Die dadurch entstandenen Lücken mit kräftigem Weiß füllen.

7. Zähne ebenfalls ausmodellieren und weitere Schatten an Nase und Augen hinzufügen.

8. Jetzt schräg auslaufende Striche oberhalb der Augenbrauen aufmalen und mit einem Schwämmchen verwischen. Mit weißer Farbe Highlights im Gesicht setzen und Schatten hervorheben.

9. Auf Hals und Dekolleté mit weißer und schwarzer Farbe weitere Knochen andeuten.

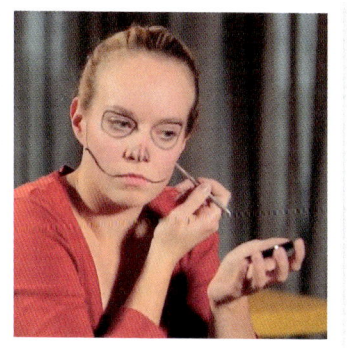
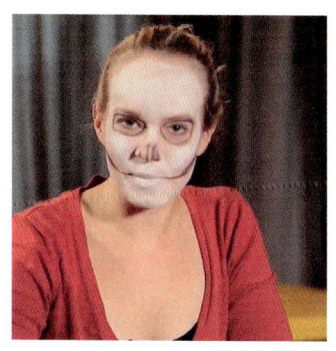

189 SO ZAUBERT IHR EUCH EFFEKTVOLLE WIMPERN

Schöne, lange Wimpern gibt es nicht nur im Handel. Auch die eigenen lassen sich wunderbar pimpen. Einfach die Wimpern einmal kräftig tuschen, etwas Babypuder auf ein Wattestäbchen geben und auf die erste Schicht Wimperntusche auftragen. Jetzt ein zweites Mal die Wimpern tuschen. Der Puder verlängert und verdichtet die Wimpern und sorgt so für den perfekten Augenaufschlag. So zieht ihr garantiert sämtliche Blicke auf euch!

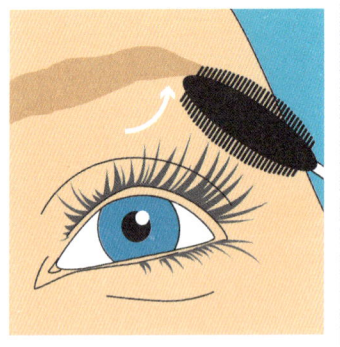

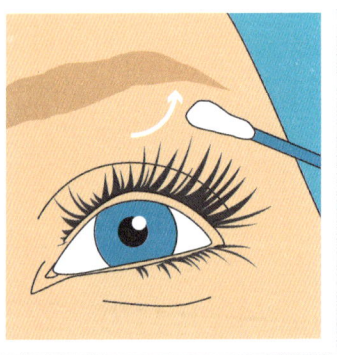

190 DER PERFEKTE LIPPENSTIFT ZUM LIDSCHATTEN

Ihr habt den perfekten Lidschatten gefunden, aber nicht den dazugehörigen Lippenstift? Müht euch nicht länger mit der Suche Mischt einfach ein wenig Vaseline mit dem Lidschatten und schon habt Ihr die passende Lippenfarbe. Natürlich nur, sofern der Lidschatten nicht grün oder blau ist ...

191 SO HALTEN EURE TEUREN RASIERKLINGEN DEUTLICH LÄNGER

Rasierklingen sind nicht ganz günstig. Damit sie ein bisschen länger halten, müsst ihr einfach eine klassische Jeans anziehen. Zieht die Klingen in entgegengesetzter Schnittrichtung zehn bis 15 Mal über den Stoff einer Jeanshose. So lösen sich kleine Unreinheiten und Splitter – und die Klinge ist wieder wie neu. Das funktioniert natürlich nicht für immer. Nach dem dritten Mal solltet ihr dann doch eine neue Klinge verwenden.

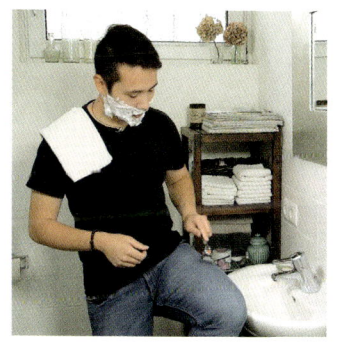

192 SO PIMPT IHR EURE WIMPERNZANGE

Eure Wimpern sollen alle aus den Socken hauen? Dann solltet ihr der Wimpernzange mal so richtig einheizen, denn sie macht ihre Arbeit noch besser, wenn ihr sie vor Gebrauch mit einem Fön anwärmt. Eine Kerze tut es auch, aber Achtung: Verbrennt euch nicht!

193 SO HOLT IHR DAS MEISTE AUS EUREM KAJALSTIFT RAUS

Ihr seid unzufrieden, weil euer Kajalstift nicht dunkel genug aufträgt? Kein Problem. Schnappt euch einfach eine Kerze. Der Kajalstift malt viel intensiver, wenn ihr ihn kurz über eine Kerzenflamme haltet. Die Öle darin werden dadurch weich und der Stift gibt mehr Farbe ab. Aber aufgepasst: Haltet den Stift nicht zu lange über die Flamme, sonst verbrennt ihr euch! Spätestens wenn der Stift tropft, habt ihr es übertrieben.

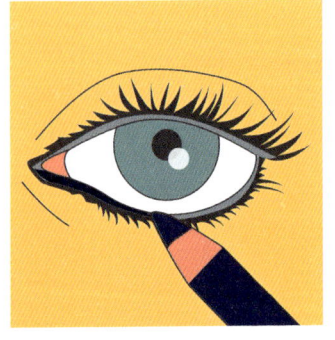

194 SO TROCKNET EUER NAGELLACK SCHNELLER

Ihr wollt los zur Party, aber eure frisch lackierten Fingernägel sind noch nicht trocken? Rennt schnell in die Küche und haltet eure Finger vorsichtig in eine Schüssel mit kaltem Wasser, sobald der Lack etwas angetrocknet ist. Den Rest übernimmt die Kälte des Wassers. Anschließend vorsichtig trocken tupfen und schon kann der Abend losgehen.

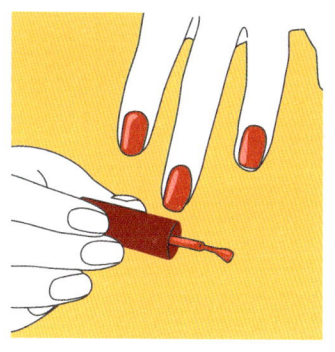

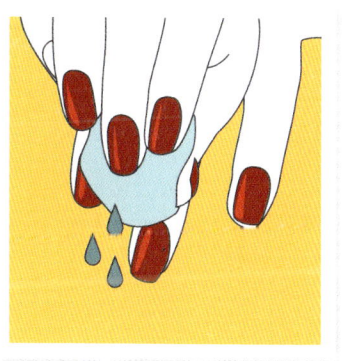
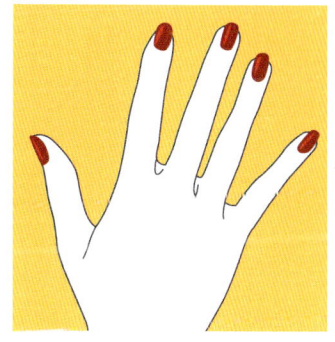

195 NIE WIEDER EINE HEXENFRISUR

Wie elektrisierend! Euch stehen die Haare zu Berge, weil sie statisch aufgeladen sind? Bringt sie wieder in Form, indem ihr mit einem Feuchttuch darüberwischt. So werdet ihr entladen und die Haare legen sich wieder dorthin, wo sie hingehören.

196 DER RICHTIGE SCHWUNG FÜR EURE AUGENBRAUEN

Ihr schaut morgens in den Spiegel und stellt erschreckt fest, dass ihr Augenbrauen wie Wolverine habt? Um zu verhindern, dass sie weiterhin in sämtliche Richtungen stehen, schnappt euch einfach eine Zahnbürste und etwas Vaseline. Damit bekommt ihr die Brauen wieder in den Griff und könnt sie ganz geschmeidig stylen.

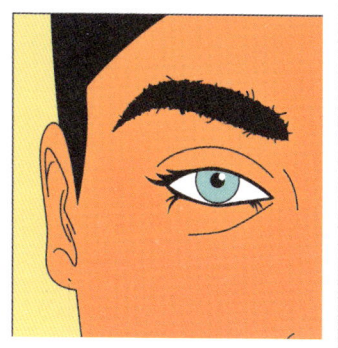
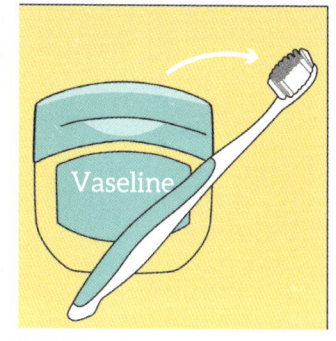
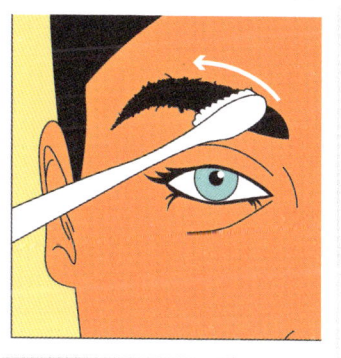
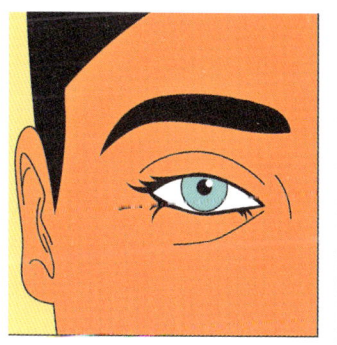

197 SO ENTFERNT IHR LIPPENSTIFT VON DEN ZÄHNEN RICHTIG

Wie peinlich! Ihr merkt beim Selfies machen, dass ihr Lippenstift auf den Zähnen habt? Dann lasst tunlichst die Taschentücher weg: Am besten lässt sich Lippenstift nämlich entfernen, indem ihr mit den Fingern darüberwischt. Sieht zwar nicht so sexy aus, aber immerhin wird das Selfie gelingen!

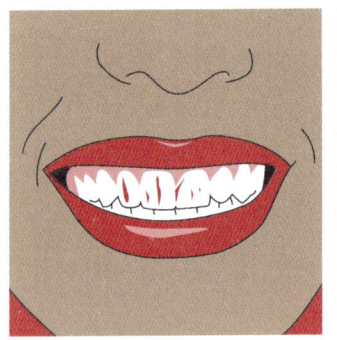
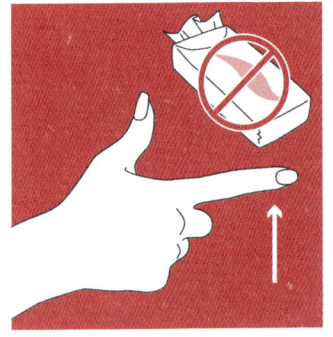

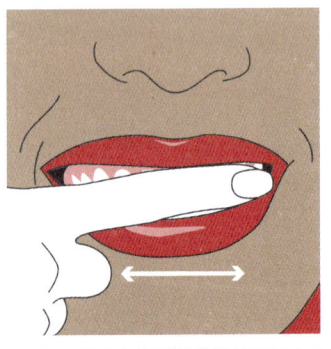
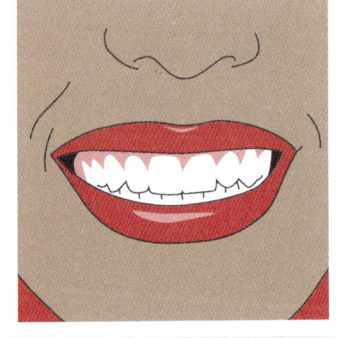

198 EINE TOUPIERBÜRSTE FÜR GEDULDIGE

Ihr steht auf toupierte Haare? Wer ein ganz besonderes Ergebnis möchte, greift am besten zur Zahnbürste mit weichen Borsten, denn die toupiert Haare besser als so manche Toupierbürste. Das bedeutet zwar einiges an Mehrarbeit, aber die Geduld zahlt sich aus!

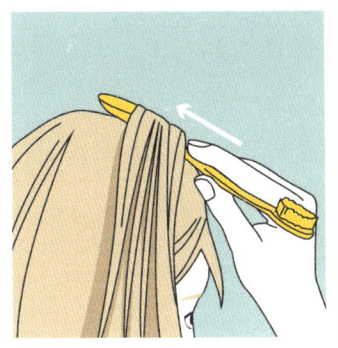
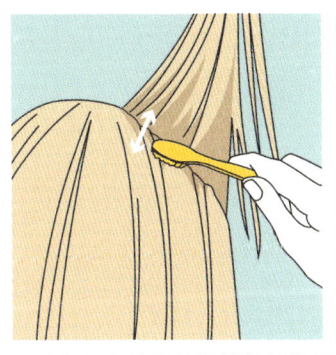

199 SPLISS? SO SPART IHR EUCH DEN FRISEURBESUCH

Oh nein, Spliss! Eure Haare fangen an, sich zu spalten und der Gang zum Friseur scheint unumgänglich? Nur die Ruhe, greift selbst zur Schere: Zwirbelt eine Haarsträhne zu einem Zopf. Alle Haare, die nun wegstehen, könnt ihr einfach abschneiden. Wiederholt das Ganze, bis alle wegstehenden Haare verschwunden sind – und der nächste Friseurbesuch kann noch etwas warten.

200 SO WIRD DIE TROCKENE MASCARA WIEDER FLÜSSIG

Oh nein, die Party des Jahres steht bevor und ausgerechnet jetzt müsst ihr feststellen, dass eure Wimperntusche eingetrocknet ist? Kein Problem. Die meisten Kosmetika bestehen zu einem Großteil aus Ölen. Stellt das Fläschchen also einfach in eine Schale mit sehr warmem Wasser. Nach ein paar Minuten ist die Mascara wieder flüssig.

OUTTAKES

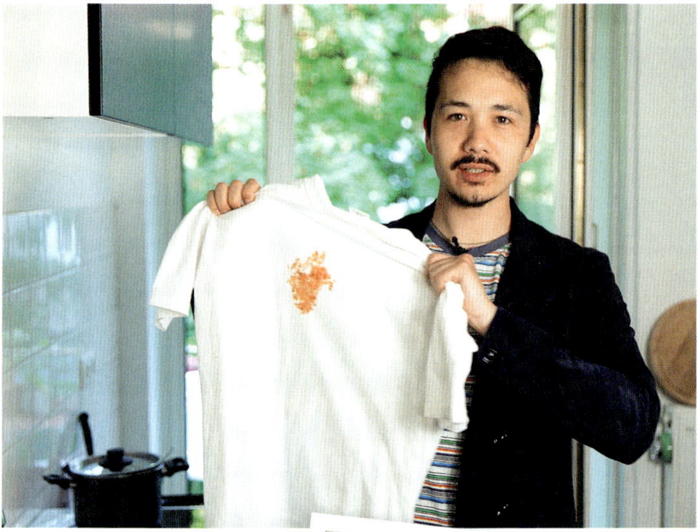

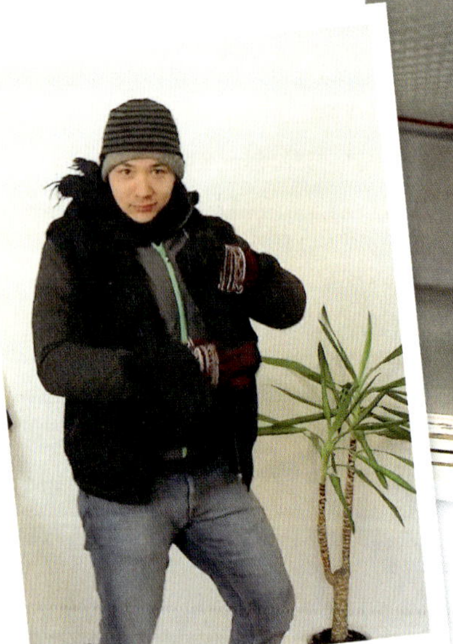

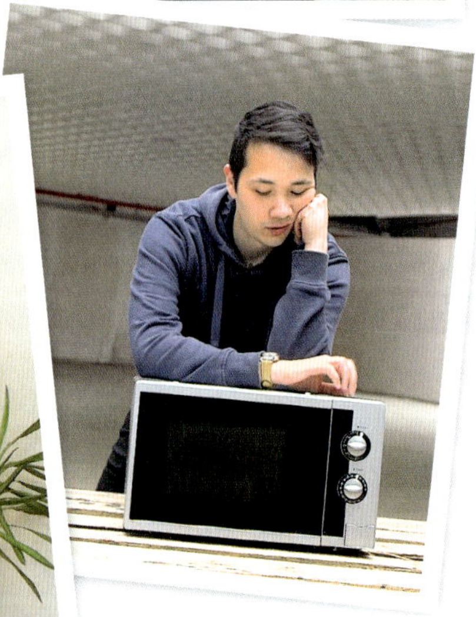

REGISTER

VITA

Nicky Wong begeistert sich für alles rund um Video- und Filmproduktion. Nach seinem Studium in „Film- und Fernsehregie" hat er sich in Hamburg niedergelassen und ist dort als freiberuflicher Video-Redakteur für zahlreiche Unternehmen tätig. 2014 startete er die bekannten und beliebten Life-Hack-Videos auf stern.de. Dort widmet er sich typischen Alltagsproblemen und gibt einfache Lösungen und Tricks für ein leichteres Leben.

DANK

Irgendwann im Sommer 2014 fragte man mich bei *stern*, ob ich nicht Lust auf ein Videoformat hätte, in dem ich „Life Hacks" präsentiere.

- „Öhm, **ich** vor der Kamera?"

- „Ja, sicher, das wird witzig."

- „Hmm ... so richtig mit Sprechen oder mit Offtext?"

- „Ne, schon mit Sprechen. Moderation halt."

- „Oh ha ... okay ..."

Knapp drei Jahre und über 90 Videos später lässt sich sagen: Der Erfolg der Videos gibt *stern* Recht (denn, es lag definitiv nicht an meiner bescheidenen Moderation). Die hilfreichen und doch so zeitlosen Clips zählen zu den erfolgreichsten Formaten von *stern online*. Ich danke den Verantwortlichen bei *stern*, für die Möglichkeit, das Thema „Life Hacks" in Videoform so ausführlich behandelt haben zu dürfen.

Auch danke ich dem Christian Verlag dafür, dass er all diese kleinen, aber cleveren Alltagshelfer gebündelt in Buchform herausbringen wollte – und dabei an mich dachte. Die Zusammenarbeit war von Anfang an absolut problemlos. Nie kam ich in die Situation, einen Life Hack anwenden zu müssen. Dafür meinen herzlichsten Dank.

Wer aufgrund der zahllosen Stunden der Recherche und des Testens nicht unerwähnt bleiben darf, sind Kathi, Jannis, Kerstin, Ulrike, Philipp, Joosi, Christopher und Max. Und natürlich Marina. Euch danke ich am meisten. Ruft mich an, wenn ihr nicht wisst, was ihr mit einer alten Toilettenpapierrolle anfangen sollt.

IMPRESSUM

Produktmanagement:
Raffaela Niermann
Textredaktion:
Daniela Hansjakob
Schlusskorrektur:
Susanne Langer
Layout und Satz: Silke Schüler
Umschlaggestaltung:
*zeichenpool, München
Repro: LUDWIG:media, Zell am See
Herstellung: Barbara Uhlig

Printed in Italy by Printer Trento

Unser komplettes Programm
finden Sie unter

 www.christian-verlag.de

★ ★ ★ ★ ★

Sind Sie mit diesem Titel
zufrieden? Dann würden
wir uns über Ihre Weiter-
empfehlung freuen.

Erzählen Sie es im Freundes-
kreis, berichten Sie Ihrem
Buchhändler oder bewerten
Sie bei Onlinekauf. Und wenn
Sie Kritik, Korrekturen, Aktuali-
sierungen haben, freuen wir
uns über Ihre Nachricht an
Christian Verlag, Postfach
40 02 09, D-80702 München
oder per E-Mail an
lektorat@verlagshaus.de

Alle Angaben dieses Werkes wurden vom Autor sorgfältig
recherchiert und auf den neuesten Stand gebracht sowie vom
Verlag geprüft. Für die Richtigkeit der Angaben kann jedoch
keine Haftung übernommen werden.

Die Deutsche Nationalbibliothek verzeichnet diese Publikation
in der Deutschen Nationalbibliografie; detaillierte bibliografische
Daten sind im Internet über http://dnb.d-nb.de abrufbar.

ISBN 978-3-86244-954-5

Ebenfalls erhältlich ...

ISBN 978-3-95961-100-8

ISBN 978-3-95961-101-5

ISBN 978-3-95961-102-2

ISBN 978-3-95961-099-5

CHRISTIAN

www.christian-verlag.de